Praktische Philosophie leicht ge- macht

Praktisch philosophisch durch den Alltag. Mehr Zufriedenheit durch die Praktische Philosophie im alltäglichen Leben.

Johannes Riethmann

Inhaltsverzeichnis

1 Einleitung

Die Wissenschaft, Technologie und der Fortschritt bestimmen heute den Alltag und sorgen dafür, dass vielen Menschen von der Entwicklung regelrecht schwindelig wird. Eine gewisse Überforderung ist hier schon zu erkennen, wenn es um bestimmte Themen des Lebens geht. Die Religion hat zumindest in den westlichen Ländern wie im deutschsprachigen Raum bei Weitem keine so große Bedeutung mehr, wie es noch vor einigen Jahrzehnten der Fall war. Doch die Fragen nach dem ethisch korrekten Verhalten, nach dem Guten und dem Bösen sind genau wie Überlegungen, worin der Sinn des Lebens besteht, noch immer vorhanden. Das Thema Gerechtigkeit in der Wirtschaft und in der Politik mit der Überlegung, worin Gerechtigkeit überhaupt besteht, kann ebenfalls nicht einfach übergangen werden.

Es wirkt im ersten Moment vielleicht so, als würden solche Fragen heute weniger ernst genommen werden. Allerdings zeigen die steigenden Zahlen der Menschen, die sich mit Meditation, Sinnfragen und ethischen Überlegungen beschäftigen, dass auch in der modernen Welt nicht alles so klar ist, wie es scheint. An dieser Stelle kommt die Philosophie mit ins Spiel, die viele wichtige Überlegungen beinhaltet und dabei unterstützen kann, den eigenen Platz in der Welt zu finden. Oder zumindest einige Denkweisen neu zu überlegen und eventuell anzupassen, sodass sie mit den neueren Erkenntnissen übereinstimmen.

Denkst Du beim Thema Philosophie mit Schrecken an den Unterricht in der Schule, in dem große Schriften von Philosophen wie Platon oder Aristoteles besprochen wurden, die fast niemand versteht? Gerade weil die Darstellungen oft so weltfremd und eher hochgestochen ausgedrückt sind, wird hier selten der Bezug zur heutigen Zeit gesehen. Dabei ist Philosophie alles andere als eine weniger interessante Wissenschaft aus dem Altertum. Viele Themen sind bis heute interessant und von sehr großer Bedeutung, sie werden nur eben ziemlich selten mit der Philosophie, die aus Schulzeiten bekannt ist, in Verbindung gesetzt.

In diesem Buch lernst Du die Philosophie mit praktischem Bezug auf die heutige Zeit kennen und erfährst, wie diese Theorien und Fragestellungen Dir im Alltag helfen können.

Erfahre, was sich hinter der theoretischen und praktischen Philosophie verbirgt, und warum die Philosophie der Gegenwart ebenfalls eine Erwähnung wert ist. Hier liegt der Schwerpunkt nicht nur auf der Theorie, sondern auf der anschließenden praktischen Umsetzung der theoretischen Überlegungen. Erfahre in anschaulichen Beispielen, wie die einzelnen Fragen Dir helfen und Dich bei wichtigen Entscheidungen im Leben unterstützen können.

In diesem Buch erfährst Du
unter anderem:

- Welche Fragen die Philosophie behandelt

- Wie sich die Philosophie auf den Alltag bezieht und direkt umsetzen lässt

- Wieso eine Unterteilung in die theoretische und in die praktische Philosophie vorhanden ist

- Wie die Fragen der Philosophie in der heutigen Zeit helfen können

- Welche Bestandteile der Lehren von Platon, Aristoteles oder Kant bis heute wichtig sind

- Warum die Moral und die Ethik in allen Lebensbereichen wichtig sind – vielleicht bedeutsamer als je zuvor

- Die Bedeutung der Ethik als Richtlinie in Bezug auf die eigenen Handlungen

- Wie sich „Gut" und „Böse" auch ohne Religion erklären lassen

- Warum Kenntnisse der praktischen Philosophie noch immer sehr wichtig sind

- Wie Du dank der richtigen Überlegungen zu mehr Verständnis Deiner Mitmenschen und mehr Zufriedenheit gelangst

2. Praktische Philosophie:

Was ist das überhaupt?

Nicht alle Fragen im Leben lassen sich auf wissenschaftlicher Ebene bearbeiten. Vielmehr gibt es eine ganze Reihe von Fragen im Leben, mit denen wir alle uns beschäftigen sollten und die eine echte Herausforderung darstellen können. Der Sinn des Lebens, des eigenen Ichs, die Bedeutung von Gerechtigkeit, Gut oder Böse – es gibt viele Dinge, die genauere Überlegungen erfordern. Natürlich muss sich niemand mit diesen Fragen beschäftigen und kann einfach leben, ohne sich je mit der Philosophie näher befasst zu haben. Allerdings fällt es dann schwerer, sich selbst bestimmte Fragen zu beantworten oder zu erklären. Allerspätestens bei der Erziehung der eigenen Kinder könnte es schwierig werden, ganz ohne solche Überlegungen und sinnvolle Erklärungen auszukommen. Denn wie würdest Du sonst einem Kind erklären, warum man etwas macht, und warum andere Handlungen eben ganz und gar nicht in Ordnung sind?

Gerade in der heutigen westlichen Gesellschaft, in der Religion eine immer kleinere Rolle spielt, wenden sich viele Menschen anderen Erklärungen und Möglichkeiten zu. Früher war die Religion hier dominanter und Gott sowie die heiligen Schriften boten Erklärungen für alles, was nicht direkt verständlich war. Außerdem brauchen die Menschen Halt, der ihnen durch die Religion gegeben wurde, die aber heutzutage oft nicht mehr ganz zeitgemäß erscheint. Nicht nur der Sinn des Lebens und Fragen, die eher in den Bereich der Ethik gehören, spielen hier eine Rolle. Einmal angenommen, die Wirklichkeit, die Du Dir selbst erschaffst und in der Du Dich siehst, in der Du lebst, entspricht gar nicht der Wirklichkeit, in der andere Menschen leben. Das mag nur im ersten Moment verwirrend klingen und macht bei einem näheren Blick auf unsere Welt eindeutig Sinn.

Bevor es darum geht, was mit der praktischen Philosophie gemeint ist, soll daher erst einmal die klassische Philosophie mit ihren Fragestellungen erklärt werden. Alle Überlegungen, die sich mit der Wirklichkeit, dem Sinn des Lebens, dem menschlichen Wesen oder dem Wesen der Natur beschäftigen, sind am Ende philosophische Fragen. Anders gesagt wird in der Philosophie versucht, die menschliche Existenz und die ganze Welt zu verstehen und zu deuten.

Nur einige wichtige und bekannte Fragen der Philosophie wären zum Beispiel folgende:

- Was ist der Mensch?
- Was kann ich wissen?
- Was soll ich tun?
- Was darf ich hoffen?

Diese Fragen sind natürlich erst einmal sehr allgemein gestellt und lassen sich noch ein wenig genauer oder wohl eher detaillierter stellen. Vor allem die Frage, wie wir handeln sollen, die der Ethik zugeordnet werden kann, spielt auf jeden Fall eine sehr große Rolle in der heutigen Zeit. Doch auch die Überlegung, wie man zu einer Erkenntnis kommen kann und wie diese dann einzuschätzen ist, sollte nicht ganz außer Acht gelassen werden. Die Frage und Einschätzung von Erkenntnissen gehören mit zur Wissenschaftstheorie. Die Frage, was wir für Wesen sind und in welchem Verhältnis wir zur vorhandenen Welt stehen, gehört eher zur Kultur- und Sozialphilosophie. Doch auch Fragen, die sich darauf beziehen, was die Welt ist, ob es einen Gott gibt, warum es etwas gibt und nicht alles nichts ist und in welche Richtung die Geschichte steuert, sollten beachtet werden. Diese sind eher der Religions- und Geschichtsphilosophie genau wie der Metaphysik zuzuordnen.

Die zuvor vorgestellten Fragen und Überlegungen ermöglichen einen kleinen Einblick in die vielfältigen Bereiche, die mit zur Philosophie gehören und die nicht einfach auszublenden sind. Nicht jeder Mensch möchte sich mit den ganz grundsätzlichen Fragen beschäftigen. Doch eine Form der Anleitung für unsere Handlungen, an denen man sich orientieren kann, schadet ganz bestimmt nicht und kann vor allem in so mancher schwierigen Situation eine gute Unterstützung darstellen. Früher wurden schließlich religiöse Antworten gesucht, beispielsweise in den Geschichten, die in der Bibel vorzufinden sind. Wenn religiöse Werke und Ansichten nicht mehr genutzt werden sollen oder weitere Meinungen für die Handlungen gebraucht werden, ist die Philosophie mit ihren Überlegungen auf jeden Fall eine gute Unterstützung. Nicht umsonst erhalten schon Schüler Unterricht in Ethik mit philosophischen Bestandteilen, wenn sie nicht am Religionsunterricht teilnehmen wollen oder können. Das macht sicherlich Sinn, da die Philosophie in vielen Bereichen ein Gegenstück zur Religion darstellt und den Menschen beim Verständnis genau wie beim Handeln helfen kann.

Viele bekannte Vertreter haben sich schon vor Hunderten, nein sogar vor Tausenden von Jahren mit diesen Dingen beschäftigt und diese Überlegungen immer weiterentwickelt. Die Herangehensweise und die grundsätzliche Art der Fragen unterscheiden die Philosophie an dieser Stelle von allen anderen Wissenschaften. Da unsere Welt, unser ganzes Sein sowie richtige und falsche Handlungen ziemlich verwirrend sein können, ist es ganz normal, sich in Form von einer Wissenschaft sowie von entsprechenden Schriften Anregungen zu holen, die im Alltag eine echte Hilfe darstellen. Denn woher wüssten wir sonst überhaupt, warum etwas als „gut" oder als „böse" bezeichnet wird und worin der Sinn von einem ethisch korrekten Handeln liegt? Grundlegende Menschenrechte, das gesamte Konstrukt unserer heutigen Gesellschaft, die Abschaffung der Sklaverei und so vieles mehr wäre hier zu nennen und ist ohne diese philosophischen Überlegungen gar nicht denkbar.

Kommen wir jetzt aber erst einmal zu der praktischen Philosophie. Hierbei handelt es sich um einen Teilbereich der Philosophie, der vor allem unter Aristoteles bekannt wurde, da dieser die heute bekannte Einteilung in verschiedene Bereiche vorgenommen hat.

Folgende Themen werden in der praktischen Philosophie behandelt:

- Ethik

- Kulturphilosophie

- Rechtsphilosophie

- Geschichtsphilosophie

- Grundlagen der Ökonomik
  (Wirtschaftsphilosophie)

- Politische Philosophie

Es geht also mehr um Themen, die in der menschlichen Praxis von Bedeutung sind und die im Alltag umgesetzt werden. Der Philosoph Immanuel Kant hat eine sehr interessante Unterscheidung der Themen der Theorie und Praxis gemacht. Demnach geht es in der theoretischen Philosophie um all das, was ist, und in der praktischen Philosophie um das, was sein soll. Also um das wünschenswerte Ergebnis, um den Idealfall, der aber noch nicht unbedingt eingetroffen ist. Die genaue Unterteilung in die theoretische und praktische Philosophie wurde aber zunächst von Aristoteles in der Antike vorgenommen. Hier wäre aber auch noch der ebenfalls interessante Ansatz der Philosophie der Gegenwart zu nennen, der eine solche Unterteilung in die beiden Bereiche nicht mehr macht. Die

Philosophie der Gegenwart bezieht sich auf Werke von Philosophen der Neuzeit, die zum Teil noch gar nicht oder nicht umfassend veröffentlicht wurden. Bei der praktischen Philosophie ist ein Blick auf die bekannten Philosophen der Antike, Platon und Aristoteles, von großer Bedeutung. Über diese Einteilung und die Werke sowie die Grundgedanken erfährst Du in den nächsten Kapiteln ebenfalls mehr.

Hier fällt schnell auf, dass die zuvor genannten Themen ganz klar bis heute hin eine Bedeutung und eine Daseinsberechtigung haben. Es ist hilfreich, sich ein Wissen über diese Themen anzueignen und die Lehren bekannter Philosophen, wie zum Beispiel Aristoteles, auf die heutige Zeit zu übertragen. Das ist ohne weiteres möglich und hilft dabei, dem eigenen Leben mehr Sinn zu geben und so zu leben, dass die persönlichen Werte und Normen mit Blick auf ethische Fragen eingehalten werden. Genau darum soll es auch in diesem Buch gehen – um den Bezug zu aktuellen Fragen und zur Erklärung, warum die praktische Philosophie bis heute einen festen Platz in unserer Welt hat. Eine Abgrenzung zur theoretischen Philosophie ist ebenfalls hilfreich, da auf diese Weise die Werke einiger großer Philosophen nicht mehr näher betrachtet werden müssen. Zumindest nicht in diesem Buch, in dem sich alles um die praktischen Aspekte und die Umsetzung auf die heutige Zeit dreht.

Die Abgrenzung zur theoretischen Philosophie

Es macht nicht unbedingt Sinn, die einzelnen Teilbereiche der Philosophie ganz stark voneinander zu trennen, sodass auch die theoretische Philosophie an dieser Stelle kurz näher vorgestellt werden soll. Dadurch wird auch leichter ersichtlich, warum im praktischen Teil dieses Buches bestimmte Themenbereiche ausgeklammert werden, die sich eher auf die theoretischen und nicht auf die praktischen Bereiche beziehen. Schließlich müssen wir die Philosophie nicht ausschließlich auf Aristoteles oder auf Kant beziehen, sondern in einen Zusammenhang mit der heutigen Zeit bringen. Denn eine Reihe der Fragen, die bis heute ihren Sinn und ihren Bestand in unserem Denken haben, können mehr der theoretischen Philosophie zugeordnet werden. Hierbei handelt es sich um einen Teilbereich, um die Aspekte, die aktuell schon vorhanden sind, und nicht

um etwas, was wünschens-
wert wäre.

Aristoteles hat die Unterscheidung der beiden Teilbereiche mit einer genauen Nennung der jeweiligen Themen vorgenommen. Laut Aristoteles ist der wichtigste Unterschied zwischen den beiden Bereichen, dass es in der Theorie um Erkenntnisse und in der Praxis um das Handeln der Menschen geht.

Folgende Themen beinhaltet die theoretische Philosophie:

- Sprachphilosophie

- Erkenntnistheorie

- Wissenschaftstheorie

- Naturphilosophie

- Semiotik

- Philosophie der Mathematik

Damit beinhaltet diese Form der Philosophie unter anderem Erkenntnisse der Logik, der Wirklichkeit und behandelt den Bezug zwischen Sprache, Denken und Wirklichkeit in der Sprachphilosophie. Diese vielen Erkenntnisse rund um die Sprache, die Wissenschaft, die Rhetorik, Mathematik und Natur sind somit der theoretischen Philosophie zuzuordnen. Das zeigt aber auch, dass es hier ebenfalls eine Reihe von Themen gibt, die bis heute sehr wichtig sind und eine Rolle in der modernen Zeit spielen. Schließlich könnte damit nicht nur die Rhetorik an sich, sondern damit auch die zwischenmenschliche Kommunikation genau wie das Verständnis der Wirklichkeit mit in die Philosophie gezählt werden. Dabei handelt es sich um Bereiche, durch deren Verständnis bis heute große Veränderungen und wichtige Erkenntnisse im Alltag möglich sind.

Nach dieser ersten Abgrenzung und Vorstellung der einzelnen Bereiche kommen wir im nächsten Kapitel zunächst zum grundsätzlichen Sinn der Philosophie. Oft wird diese schließlich als eher trockenes Wissen, welches vielleicht nicht unbedingt notwendig ist, bezeichnet. Dabei ziehen sich die einzelnen Erkenntnisse und Fragestellungen durch das ganze Leben und sind durchaus auch Veränderungen unterworfen. Gerade beim Thema Ethik gibt es sehr interessante neue Ansichten, die einmal genauer betrachtet werden können, bevor Du sie vielleicht verurteilst. Hier kommen im Laufe der Zeit auch immer neue Fragen auf, die wieder beantwortet werden wollen und alles andere als einfach umzusetzen sind. Das macht auch Sinn, denn das Leben ist schließlich vielen Veränderungen unterworfen und es wird immer neue Herausforderungen geben, die wieder bedacht werden müssen.

Fest steht, dass die Philosophie auch in der heutigen Zeit ganz klar ihren Sinn hat und in vielen Bereichen hilfreich ist. Über diesen Sinn erfährst Du entsprechend mehr in den kommenden Kapiteln – und kannst selbst mit überlegen, in welcher Hinsicht das Wissen der Philosophie noch heute von enormer Bedeutung ist. Durch den Schwerpunkt in diesem Buch auf die praktische Philosophie soll es im Folgenden weniger um Fragen rund um den Sinn des Lebens, der Welt oder der Natur gehen, sondern vielmehr um die Bedeutung der Ethik sowie um die politische und wirtschaftliche Philosophie. Daraus ergeben sich dann Möglichkeiten zur Unterstützung beim Handeln in verschiedenen Situationen. Nicht zuletzt gehört es schon mit zum Allgemeinwissen, die Werke und Aussagen der großen Philosophen zumindest im Ansatz zu kennen und zu verstehen. Erst durch dieses Verständnis fällt es wieder leichter, bestimmte Verhaltensweisen nachzuvollziehen und so zu handeln, dass es in jeder Hinsicht mit dem eigenen Gewissen übereinstimmt. Es wäre daher schade, einfach nur die Werke der bekannten Philosophen zu ignorieren und der Philosophie an sich keinen Sinn mehr zu geben, da diese durchaus bis heute von Bedeutung in unserem Leben und Alltag ist.

3 Der Sinn hinter der Philosophie

Es ist an sich recht interessant zu fragen, worin denn der Sinn hinter der Philosophie besteht, da die Philosophie schließlich den Sinn der Welt, des Lebens und des Handelns begründen will. Nach der zuvor erfolgten Abgrenzung der praktischen von der theoretischen Philosophie soll es nun um den grundsätzlichen Sinn gehen. Im Anschluss kommen dann die bekannten Vertreter von der praktischen Philosophie, auf der der klare Schwerpunkt in diesem Buch liegt, sowie die Einsatzgebiete und die Bedeutung. Für die bessere Erklärung von dem Sinn der Philosophie ist es wichtig, sich diese ein wenig genauer anzusehen.

Zunächst einmal gibt es eine Vielzahl von Gründen, die gegen die Philosophie sprechen und denen zu entnehmen ist, dass es sich heute um eine ganz nutzlose Wissenschaft handelt. Bevor es darum geht, welchen Sinn die Lehren

heute noch einnehmen, sollte daher erst einmal geklärt
werden, warum immer wieder der Sinn bezweifelt wird.

Kritiker bringen gerne die folgenden Punkte an:

- Alles, was die Menschheit denken kann,
  wurde schon einmal überdacht

- Klare Antworten sind gerade in der heutigen,
  modernen Welt sehr wichtig – die Philosophie gibt aber keine klaren Antworten

- Alles wird hinterfragt, wodurch der Fortschritt
  von anderen Wissenschaften verhindert wird

- Es dauert lange, bis eine Antwort auf eine
  Frage vorhanden ist – und diese Antwort ist
  dann häufig unklar

- Moralische und ethische Aspekte wirken
  schnell nervig und behindern den Fortschritt

Dabei ist es sehr schade, dass die Philosophie einfach als
sinnlos oder unnötig abgetan wird, da hier zahlreiche Hil-
festellungen zu Fragen im Alltag vorhanden sind. Es ist we-

der sinnvoll noch menschlich, den Fortschritt nie zu hinterfragen, und es kann auch in einem Computerzeitalter nicht auf alles eine klare, ganz eindeutige Antwort geben. Das wird leider oft nicht eingesehen, wobei die praktischen Beispiele in diesem Buch schon einen ersten Einblick geben, warum es nicht immer Sinn macht, eine eindeutige Antwort zu fordern. Weil es eine solche schlicht nicht immer gibt. Auch die Angabe, dass alles, was es zu denken gibt, schon gedacht wurde und es daher gar keinen Sinn macht, alles neu zu denken, ist so nicht richtig. Natürlich befinden wir uns nicht mehr im Zeitalter der Aufklärung, in der noch so viel Wissen fehlte und zahlreiche grundlegende Fragen erst einmal zu beantworten waren.

Doch die alten Griechen haben sich ganz sicher nie träumen lassen, dass es einmal die Möglichkeit der Gentechnik, der künstlichen Intelligenzen, der Technologie an sich oder der extremen Globalisierung gibt, wie sie aktuell vorherrscht. Solche neuen Themen sorgen dafür, dass es immer neue Fragen gibt, auf die nicht schon vor Hunderten von Jahren eine Antwort gefunden wurde oder die überhaupt schon einmal überlegt wurden. Genau aus diesem Grund kann es sicherlich nicht schaden, dass bekannte und vielleicht leicht überholt wirkende Wissenschaften oder die Lehren der bekannten Philosophen zu studieren und dann auf die aktuelle Zeit zu beziehen. Hier geht es schließlich um viel mehr, als um weltfremde, trockene Fragen, die kaum verständlich sind. Die Bibel kann ja beispielsweise auch in verschiedenen Kontexten betrachtet werden und ist auf keinen Fall als nicht mehr zeitgemäß anzusehen. Ähnlich verhält es sich auch mit der Philosophie, die uns dazu bringt, vieles zu hinterfragen, genauer abzuwägen und zu prüfen, wie es eigentlich mit der Vernunft der aktuellen Zeiten aussieht.

Es gibt eine Reihe von Gründen, die dafürsprechen, dass Philosophie sehr wohl Sinn macht und nicht einfach so zu unterschätzen ist. Denn in der heutigen Zeit schreiten die Technik und die Entwicklung immer weiter voran. Im Zusammenhang damit verschieben sich die Grenzen der Möglichkeiten immer weiter und es gibt auch weniger Grenzen, was die Natur, das Alter und die Gesundheit betrifft. In einer Zeit mit künstlichen Intelligenzen, Gentechnik und mit gesellschaftlichem Chaos, wo die Welt zusammenwächst und doch immer ungleicher wird, sollte Philosophie nicht fehlen. Für einen kleinen Einblick findest Du an dieser Stelle 5 gute Gründe, die für die Nutzung von Philosophie in unserem aktuellen Alltag sprechen:

1. Menschen brauchen eine Orientierung

Ganz ohne Orientierung geht es nicht, in jedem Fall nicht über einen längeren Zeitraum hinweg. Hatten die Menschen früher ihre Naturreligionen oder ihre Götter, gibt es seit gut 2.000 Jahren Religionen wie das Christentum, die zur Orientierung dienen. Doch hier steht fest, dass mit zunehmender Entwicklung und Bildung die Religionen mit ihren Ansichten immer weltfremder werden. Die Zahl der Gläubigen nimmt in Ländern wie Deutschland immer mehr ab, da die Lehren der Religion nicht mehr so ganz in dieses Jahrtausend zu passen scheinen. Eine andere Orientierung, eine Erklärung oder ein Sinn im Leben wird aber trotzdem gebraucht. Sonst gäbe es doch gar keinen Grund mehr, morgens aus dem Bett aufzustehen oder weiterhin zu leben und etwas zu tun. Die Philosophie ist eine gute Alternative zur Religion, wenn es um die Orientierung für die Menschen geht, die nicht fehlen darf. Verkehrt ist es sicherlich nicht, sich um eine Orientierung zu bemühen und diese vielleicht auch bis zu einem gewissen Punkt zu benötigen, da es sich dabei um ein ganz menschliches Bedürfnis handelt. Durch die Philosophie erhältst Du eben diese Orientierung und findest sicherlich Werte und Normen, nach denen Du leben möchtest und an die Du Dich halten willst.

2. Die Philosophie steht über anderen Wissenschaften – und bezieht sich auf die Menschen

Wissenschaften und ganz besonders Naturwissenschaften sind natürlich sehr spezifisch und tauchen tief in einzelne Fragestellungen ein, die dann in der Regel auch beantwortet werden. Es gibt aber nicht unbedingt starke Zusammenhänge oder Verbindungsglieder zwischen den einzelnen Wissenschaften, die an dieser Stelle genauer auffallen würden. Nur die Philosophie steht über den einzelnen Wissenschaften und stellt eine übergeordnete Gemeinsamkeit dar, die ein Verständnis erleichtert.

Ein weiterer wichtiger Aspekt ist die Tatsache, dass die Philosophie sich auf den Menschen bezieht und wirklich für den Menschen da ist. Das ist ein großer Unterschied im Vergleich zu anderen Wissenschaften, in denen es mehr um einzelne Bestandteile, um Zellen, die Materie oder die Gene geht – und nicht um das große Ganze. Andere Wissenschaften sind weniger menschlich und bieten keine wirkliche Hilfe, wenn es um die Handlungen im Alltag geht. Dabei gehen doch alle Erkenntnisse immer vom großen Ganzen aus und genau diese Voraussetzung sollte nicht unterschätzt werden.

3. Eine bessere Welt ist nur mit Philosophie möglich

Wie wäre die Welt, wenn wir alle nur auf den Fortschritt und die eigene Gewinnspanne oder auf die eigenen Interessen schauen würden? Mit ziemlich großer Sicherheit wäre eine solche Welt noch wesentlich ungerechter und verrückter, als es jetzt schon der Fall ist. Gerade weil die Menschen die eine oder andere Entwicklung genauer hinterfragen und auch mal aufhalten, kann die Welt besser und fairer werden. Eine bessere Welt wäre ohne die Philosophie, die Ethik, die Vernunft und ohne ein soziales Gewissen gar nicht denkbar. Das wird gerne vergessen und das ist mit Sicherheit auch ein Grund, warum es in manchen Bereichen ausschließlich um den Profit oder um den Fortschritt geht – ohne Rücksicht auf Verluste, oder auf ein menschenwürdiges Leben. Jene Menschen, die es aufgrund ihres sozialen Backgrounds seit ihrer Geburt nicht so leicht haben, um in einem entwickelten Industriestaat zu leben, werden im letzteren Fall benachteiligt sein.

Doch es geht noch weiter, da viele Menschen das Bedürfnis verspüren, die Welt zumindest ein wenig zu verbessern. Die Zeiten von Monarchien, in denen solche Ziele vielleicht von dem einen oder anderen Herrscher umgesetzt wurden, sind lange vorbei. Jeder Einzelne kann die Welt besser machen und zunächst einmal im Kleinen beginnen. Es muss ja nicht klein bleiben, da so manche gute Idee von einem Start-up irgendwann ganz groß rauskommt und die Welt tatsächlich zu einem besseren Ort macht. Ohne Philosophie geht das aber nicht, da sonst nicht die geeigneten Fragen gestellt werden, warum überhaupt etwas anders oder besser gemacht werden sollte. Wichtig ist es schließlich auch, die geplanten Verbesserungen und Veränderungen auf die Menschen zu beziehen und nicht allein auf den Profit. Solche Fragen sind doch erst der Grund dafür, warum die Welt verbessert werden soll und warum großartige Ideen am Ende entwickelt werden.

Für eine bessere Welt und den eigenen, ganz persönlichen Beitrag dazu sollte also erst einmal die Philosophie mit ihren Lehren und Möglichkeiten genauer betrachtet werden. Schließlich geht es nicht darum, die Welt noch technischer und unpersönlicher zu machen, als es aktuell schon der Fall ist. Sondern vielmehr menschlicher, gerechter und schöner – das beinhaltet zum Beispiel Lösungen gegen Müllprobleme, eine ethische und nachhaltige Lebensweise und fairere Arbeitsbedingungen von Menschen in Entwicklungsländern. Und dabei handelt es sich nur um einige Beispiele, da diese Liste wohl noch sehr lange fortgeführt werden könnte. Das würde aber an dieser Stelle die grundsätzliche Überlegung sprengen: Das für eine bessere Welt die Philosophie unbedingt erforderlich ist.

4. Alle Naturwissenschaften stoßen an ihre Grenzen

Die Naturwissenschaften können nicht alles erklären. Oder sie werden bei dem Versuch einer Erklärung so unverständlich, dass diese nur noch mit einem Studium oder tiefgehendem Fachwissen verständlich sind – welches die meisten Menschen nun einmal nicht haben. Wer trotzdem die Welt verstehen und sich nicht in komplexe Erklärungen über Atome, Gene, Teilchen oder Protonen verstricken will, braucht ganz klar die Philosophie. Auch wenn es hier vielleicht anstrengend ist oder länger dauert, Antworten zu finden, so ist es nur immer noch einfacher, als sich erst um ein Biologie- oder Physikstudium zu bemühen. Naturwissenschaften können nicht erklären, wann etwas richtig oder falsch ist. Auch ein Blick auf den Sinn des Lebens, der Natur oder der Welt oder Gründe, warum Du auch morgen wieder aufstehen solltest, sind hier nicht inbegriffen. Die Grenzen der Naturwissenschaften sollten nicht einfach übersehen werden, da diese zum Leben dazugehören und nur natürlich sind.

5. Sind Menschen in der heutigen Zeit noch etwas Besonderes?

Wir leben in einer Zeit des Umbruchs, die mit extremen Entwicklungen in einem rasanten Tempo verbunden ist. Denn wenn wir in der Lage sind, einen Roboter zu entwickeln, der fast wie ein Mensch denkt oder wenn Menschen einfach geklont werden können – sind wir dann weiterhin etwas Besonderes? Ist der Mensch mehr als nur seine Gene und Zellen oder vielleicht doch nicht? Die Entwicklung in Bezug auf künstliche Intelligenzen und ganz besonders in Bezug auf die Biologie mit Gentechnik und vielem mehr kann Angst machen und verunsichern. Hier zeigt die Philosophie wieder, dass sie durchaus sinnvoll ist, da sie genau dafür gedacht ist und dabei hilft, gute Antworten zu finden, mit denen man selbst leben kann. Das ist schließlich auch wichtig, da sich auch in der heutigen Zeit niemand einfach nur ersetzbar durch eine Maschine oder durch einen Klon fühlen sollte. Das wird nur zu oft vergessen – es wird also Zeit für die Philosophie. Das gilt ganz besonders dann, wenn die Religion im eigenen Leben nicht wirklich eine Rolle spielt.

Interessant wäre auch noch das Weltbild, welches über Jahrhunderte hinweg von der Kirche oder von dem Staat vorgegeben wurde. Diese Instanzen sind aber heute nicht mehr so tätig, wie es früher üblich war, wodurch jeder Einzelne sein eigenes Weltbild finden muss. Das ist nicht ganz einfach und erfordert im besten Fall schon ein wenig Unterstützung. Da dieser Aspekt der Philosophie eher in die Theorie einzuordnen ist, soll dieser Punkt nur kurz angerissen werden, damit die Möglichkeiten und die Bedeutung besser verständlich werden. Wie Du siehst, gibt es den einen oder anderen guten Grund für die Philosophie. Damit kommen wir in den nächsten Kapiteln erst einmal zu einigen bekannten Vertretern der Philosophie mit ihren Lehren. Die Lehren sollen in kompakter Form dargestellt werden, wobei der Fokus nicht auf Bereichen der theoretischen Philosophie liegt, sondern auf praktischen Aspekten. Durch die Darstellung fällt dann auf, warum die Philosophie für die Entwicklung der Menschen so grundlegend wichtig war und auch, wie diese noch immer eine Unterstützung bei den eigenen Handlungen bieten kann.

Bekannte Vertreter der Philosophie und ihre Lehren

Vor einem späteren genaueren Blick auf die Praxis und auf die mögliche Anwendung der Philosophie in der heutigen Zeit macht es Sinn, sich genauer mit den bekannten Vertretern der Philosophie zu beschäftigen. Dadurch werden Erkenntnisse, die Bedeutung und die jeweiligen Einsatzgebiete auch klarer. An dieser Stelle soll es ausschließlich um die praktische Philosophie gehen, sodass hier die theoretische Philosophie mit ihren Vertretern und Erkenntnissen ausgeklammert wird. Allerdings haben die im Folgenden vorgestellten Philosophen sich eben nicht nur mit der praktischen, sondern auch mit der theoretischen Philosophie beschäftigt. Das sorgt dafür, dass hier auch einige Ansichten vorgestellt werden, die eher zur Theorie gehören. Ein gutes Beispiel dafür ist das Höhlengleichnis, über welches Du gleich noch mehr erfahren wirst. Dieses gehört zwar zur Theorie und zum Erkennen der Wirklichkeit, ist jedoch untrennbar mit der Entwicklung der Philosophie verbunden. Und damit besteht auch

eine direkte Verbindung mit
den praktischen Aspekten.

Die praktische Philosophie ist überhaupt nicht denkbar ohne Aristoteles, der die Unterteilung in einzelne Bereiche überhaupt erst offiziell gemacht hat. Wenn wir uns jetzt auf Aristoteles und seine Werke beziehen, können wir aber auch Platon nicht ausschließen, da er der Lehrer von Aristoteles war. Dennoch ist es wichtig, die beiden Gelehrten nicht als Einheit anzusehen, da Aristoteles für eine Vielzahl eigener Werke und Erkenntnisse bekannt geworden ist. Auf Sokrates, Platons Lehrer, soll im Folgenden nicht gesondert eingegangen werden, da dieser unter anderem keine schriftlichen Zeugnisse hinterlassen hat. Dennoch ist der Gelehrte natürlich für das Wissen, die Ansichten und die weitere Entwicklung von Platon enorm wichtig gewesen.

Weitere bekannte und für die praktische Philosophie wichtige Vertreter sind Immanuel Kant, Friedrich Nietzsche und Arthur Schopenhauer, um nur einige Beispiele zu nennen. In diesem Kapitel soll es daher für einen besseren Einblick in die spätere Anwendung der Philosophie um diese Vertreter der philosophischen Lehren gehen. Dabei werden die für dieses Buch wichtigsten Vertreter in chronologischer Form genannt, sodass der Anfang mit Platon und Aristoteles gemacht wird. Sicherlich müsste hier zuerst der im Jahre 469 v. Chr. in Athen geborene Sokrates genannt werden, von dem Platon seine ersten Erkenntnisse hatte. Allerdings gibt es von Sokrates wie schon erwähnt tatsächlich keinerlei schriftliche Werke, sodass der griechische Philosoph hier nur kurz angedeutet werden soll.

Platon

Sokrates Schüler und Gründer der Platonischen Akademie

Der Lehrer von Aristoteles ist gleichzeitig ein berühmter Schüler von Sokrates, der die Lehren seines Mentors in schriftlicher Form mit wiedergegeben hat. Geboren wurde Platon 428/427 v. Chr. in Athen. Bekannt wurde er durch zahlreiche Werke, die sich unter anderem auf die Bereiche der Ethik, Metaphysik, Erkenntnistheorie, Sprachphilosophie und der Anthropologie bezogen haben. Sehr interessant ist hier auch, dass sein Schüler Aristoteles seine Lehren nicht nur zum Teil aufgreift, sondern diesen auch widersprochen hat. Die Werke von Platon aus der Antike sind fast vollständig erhalten geblieben und haben über Jahrhunderte hinweg ganz klar Maßstäbe gesetzt.

Platon hat zusätzlich die Akademia, die erste philosophische Universität Europas, gegründet, die noch lange nach seinem Tod weiterhin bestand. Bis zum Jahr 529 n. Chr. wurden die Lehren von Platon an der Akademia verbreitet. Nennenswert sind in Bezug auf seine Ideen und Grundgedanken vor allem die sogenannte Ideenlehre sowie seine

Visionen von einem idealen Staat. Über seine Werke und sein Leben ist bis heute viel bekannt, da hier viele Einzelheiten klar überliefert wurden. So musste Platon beispielsweise aus Athen fliehen, nachdem Sokrates hingerichtet wurde und er sich von diesem sowie von seinen Lehren nicht abgewandt hatte. Ein interessanter Hinweis ist hier sicherlich auch der Aufenthalt von Platon am Hof des Dionysos und sein Versuch, den als unberechenbaren Tyrannen bekannten Herrscher noch zu ändern. Die Reaktion auf diese Versuche war, dass Dionysos Platon als Sklaven verkaufte – und zum Glück von Platon kaufte ihn dabei ein Freund. Im Anschluss ging es zurück nach Athen, wo dann die bereits erwähnte Akademia gegründet wurde.

An der Akademia wurden nicht nur Philosophie und politische Theorie gelehrt, sondern auch Biologie, Mathematik und Astronomie. Allerdings versuchte Platon später noch einmal sein Glück bei der Umstimmung eines Herrschers, und zwar beim Sohn von Dionysos. Bei diesem Versuch endete er dann im Gefängnis. Zwar konnte er fliehen, doch im Anschluss musste er seine Versuche begraben, den idealen Staat mit seinen Lehren begründen und vor allem umsetzen zu können. Seine Reisen und persönlichen Erfahrungen mit den Herrschern der Antike prägten entsprechend stark die Werke von Platon und spiegeln sich in den bis heute noch erhaltenen Texten wider.

Besonders bekannt ist bis heute eine Ausgabe in drei Bänden, die 1578 in Genf gedruckt wurde und im Anschluss über lange Zeit hinweg auch für Zitate genutzt wurde. An dieser Stelle soll es vor allem kurz um die Ideenlehre sowie um die ethischen Grundgedanken gehen, die Platon von Sokrates übernommen hat.

Mit der Ideenlehre ist, im Gegensatz zum heutigen Verständnis, kein Einfall und auch kein Gedanke gemeint. Laut Platon ist eine Idee das wahre Sein und bezieht sich auf die Welt der Wahrnehmung. Anders gesagt unterteilte Platon die Welt in die Wahrnehmung und in das Reich der Ideen auf. Unsere Wahrnehmung hängt ganz von den Sinnen ab, da jeder Mensch die Welt anders wahrnimmt, wenn die Sinne hinzugezogen werden. Allgemeine Aussagen können über diese Wahrnehmung oder das Reich der Wahrnehmung also gar nicht getroffen werden. Wenn Du Deinen Blick eher auf das Blau des Himmels richtest, nimmt Dein Gegenüber vielleicht die Kälte wahr, die trotzdem vorhanden ist. Die eigenen Erlebnisse sorgen zusätzlich dafür, dass es schwerfällt, hier eine allgemeine Aussage zu treffen. Nicht zuletzt verändern sich die beschriebenen Dinge im Bereich der Wahrnehmung stetig. Für Platon ist dies ein fließender Prozess.

Der (sich verändernden) Wahrnehmung gegenüber steht das Reich der Ideen. Vielmehr handelt es sich hier um eine Welt hinter der Wahrnehmung, diese Ideenwelt stellt eine übergeordnete Form der Sinneswelt dar. Es handelt sich der Ideenlehre zufolge um immaterielle, geistige Urbilder, die schließlich zu Abbildern in der Realität werden. Die Urformen werden als Ideen bezeichnet, die durch die menschliche Vernunft erkennbar sind, jedoch nicht durch unsere Sinne. Die Idee wird vom Menschen angestrebt und stellt ein absolutes Ideal dar, welches aber in der Realität so nie erreicht werden kann. Als höchste und oberste Idee von allen bezeichnete Platon die Idee des Guten. Wichtig ist die sogenannte Ideenlehre vor allem aus dem Grund, weil es sich hierbei um die Grundlage aller weiteren Werke und Erkenntnisse von Platon handelt. Ohne die Ideenlehre machen die weiteren Erkenntnisse des Philosophen nur wenig Sinn.

Laut der Ideenlehre:

- Nehmen wir die Welt mit unseren Sinnen wahr – hinter diesen Sinneswahrnehmungen befindet sich die Ideenwelt

- Die Sinneswelt befindet sich im stetigen Wandel, ist fließend und löst sich mit der Zeit auf

- Die Ideenwelt ist eher ein abstraktes, unveränderliches Musterbild, welches wir in geistiger Form haben

- Erkennbar ist die Ideenwelt mit unserem Verstand und mit der menschlichen Vernunft

- Die wahrnehmbaren Dinge erinnern an das Ideal, an die Ideenwelt und sorgen dafür, dass man in eine bestimmte Richtung hin oder auf gewisse Weise handeln soll

- Laut Platon sind die Menschen zweigeteilt in die Wahrnehmung und die Ideenwelt (Vernunft)

- Unsere Seele gehört der Vernunft an und sieht damit die Ideen

Damit kommen wir direkt zu den Aussagen Platons in Bezug auf die Ethik. Für moralisches Handeln ist hier überhaupt erst einmal wichtig, Kenntnisse über das Gute zu haben und zu wissen, worin das Gute besteht. Das Gute, die Gerechtigkeit und entsprechendes Handeln sind auf der Ebene der Wahrnehmung nicht erkennbar und bilden daher Ideen, ein Ideal, nach dem man Handeln sollte. Die Ideen helfen sogar dabei, Eigenschaften der wahrgenommenen Dinge zu erklären. Denn wie sollte sonst erklärt werden, warum etwas „gut", „böse" oder vielleicht „schön" ist? Hierfür sind Ideen erforderlich, die sich hinter der aktuellen Wahrnehmung verbergen und auf die jeder zugreifen kann.

Als grundsätzliche Tugend wurde von Platon die Gerechtigkeit angesehen. Gerechtigkeit führt dann zur Glückseligkeit und das Leben von ungerechten Menschen ist demzufolge elend. Das Prinzip der Gerechtigkeit ist auch untrennbar mit den Gedanken rund um die Staatslehre verbunden. Als weitere Tugenden, die mit zu den Grundtugenden gehören, werden Besonnenheit, Tapferkeit und Weisheit genannt. Wieder übergeordnet zu allen genannten Tugenden ist die Idee des Guten. Es würde an dieser Stelle zu weit führen, die Gedanken und Werke Platons bis ins letzte Detail darzustellen, da diese sehr umfangreich sind. Doch die Ideenlehre, der grundsätzliche Gedanke an das Gute und an Gerechtigkeit als treibende Kraft sind sehr wichtige Bestandteile der Werke, die dabei helfen, die Erkenntnisse von Platon genauer zu verstehen. Diese können schließlich mit als Basis für weitere philosophische Werke angesehen werden, die später wieder aufgegriffen werden. Ein Hinweis an dieser Stelle soll beispielsweise die Ansicht von Immanuel Kant zum Thema der Vernunft sein, da es hier tatsächlich einige interessante Parallelen gibt.

Doch eine Einführung in die Werke und die Lehren von Platon ist nicht möglich, wenn dabei das Höhlengleichnis vergessen wird. Dieses ist bis heute bekannt und lässt sich auf eine Vielzahl von Situationen anwenden – auch auf die praktische Philosophie, da es hier definitiv nicht nur um die eigene Wahrnehmung oder die eigene Realität geht. Obwohl es natürlich mit der Wahrnehmung der Welt und der Wirklichkeit beginnt. Vielmehr könnte das Gleichnis auch auf ethische Fragen, auf Vorurteile und Einstellungen bezogen werden, die ebenfalls nicht ganz unwichtig sind. Hier findest Du das Höhlengleichnis in der kurzen Zusammenfassung:

Beim Höhlengleichnis geht es um das menschliche Dasein, welches in Form einer unterirdischen Höhle angesehen wird. In dieser Höhle befinden sich die Menschen, gefesselt und mit Blick auf die schwarze Höhlenwand. Durch ein Feuer im Hintergrund der gefesselten Menschen sind Schatten an den Höhlenwänden erkennbar, die verschiedene Dinge zeigen. Die Menschen halten diese Schattenbilder für die Realität, da sie schließlich nur diese und nicht die Dinge sehen können, die solche Schatten werfen. Nach einiger Zeit schafft es einer der Menschen endlich, sich von den Fesseln zu befreien. Er dreht sich um und erkennt einen wichtigen Aspekt: Er erkennt, dass alle bisher nur Schatten, jedoch nicht die wahren Dinge dahinter, gesehen haben. Dann tritt er hinaus aus der Höhle, wird vom Tageslicht nach seinem Leben in der Dunkelheit vollkommen geblendet und erkennt erst wieder nur Schatten. Bis er sich an das Licht gewöhnt und sieht, wie die Dinge wirklich aussehen. Er erkennt das Sinnbild, die Ideen hinter der

Wahrnehmung ist nicht mehr länger von der beschränkten Sicht eingeschränkt oder regelrecht gefesselt.

Dann tritt der Mensch wieder in die Höhle und versucht den anderen Menschen, die gefesselt auf Schatten blicken, zu erklären, dass sie nicht die Wahrheit oder eben die Wirklichkeit sehen, sondern nur Schatten der wahren Dinge. Niemand glaubt ihm. Schließlich sehen sie doch etwas und alle sehen auf diese Weise – warum sollte das alles falsch sein, wenn nur einer davon spricht?

Dieses Höhlengleichnis von Platon zeigt sehr schön, wie sehr wir Menschen uns in der eigenen Realität befinden, wie sehr wir auf die Wahrnehmung achten und wie wenig wir wirklich in der Lage sind, den tieferen Sinn, das Ideenbild zu verstehen. Das Gleichnis ist auf alle Lebensbereiche zu beziehen und zeigt, dass es alles andere als einfach ist, sich von den Fesseln der Wahrnehmung zu befreien und den wahren Sinn, das wahre Sein zu erkennen. Und wie wenig wir uns manchmal von genau diesen Fesseln befreien wollen, obwohl es vielleicht ganz theoretisch möglich wäre.

Hast Du schon einmal darüber nachgedacht, was Du wahrnimmst und was wirklich dahintersteht? Diese Überlegungen sind auf jeden Fall wichtig und sehr hilfreich, wenn es darum geht, sich persönlich weiterzuentwickeln und vielleicht auch in Fragen der Ethik und der praktischen Philosophie bessere Entscheidungen zu treffen. Hier zeigt sich, dass die Werke von Platon, die vor rund 2.500 Jahren verfasst und dargestellt wurden, ohne Frage noch bis heute ihre Verwendung haben und alles andere als veraltet sind. Die Ideenlehre und das Höhlengleichnis legen zusammen mit den Aussagen über die Ethik und die Gerechtigkeit wichtige Grundsteine für die weitere Philosophie und sollten entsprechend nicht unterschätzt werden.

Aristoteles

Hat die praktische und theoretische Philosophie unterteilt

Platons berühmtester Schüler überhaupt war ohne Frage Aristoteles, der aber noch zahlreiche eigene Denkweisen und Lehren entwickelt hat. Für die praktische Philosophie ist Aristoteles von sehr großer Bedeutung, da er die Unterteilung in die theoretische und die praktische Philosophie vorgenommen hat, die eine Grundlage für diesen Ratgeber darstellt.

Erwähnenswert ist außerdem noch, dass Aristoteles Schriften in Dialogform erstellte, die sich an die größere Öffentlichkeit richteten. Diese sind im Laufe der Zeit verloren gegangen, sodass heute vor allem die internen Schriften vorhanden sind, die aber nicht wirklich für die Öffentlichkeit gedacht waren.

Wichtige Werke von Aristoteles befassen sich unter anderem mit folgenden Themen:

- Logik

- Rhetorik

- Wissenschaftstheorie

- Naturlehre

- Metaphysik

- Ethik

- Staatslehre

- Dichtungstheorie

Zur Ethik sagte Aristoteles beispielsweise, dass das Ziel jedes menschlichen Lebens ein gutes, glückliches Leben ist. Ein solch glückliches Leben erfordert aber Tugenden des Verstandes und des Charakters, die erst einmal auszubilden sind, da hierfür die Emotionen und Begierden kontrolliert werden müssen. Da bis heute unsere Emotionen und Begierden alle Handlungen extrem beeinflussen, ist es kein Wunder, dass deren Kontrolle als eine Tugend des Charakters angesehen werden kann. Heute sind diese Kontrolle und Beeinflussung vielleicht eher unter dem Namen „Emotionale Intelligenz" bekannt. Dabei handelt es sich unter anderem um die Kontrolle und Erkenntnis der eigenen Emotionen und Bedürfnisse. Diese Fähigkeit ist eine wichtige Voraussetzung für den Umgang mit anderen Menschen und für das Hineinfühlen in andere – was wiederum als Empathie bezeichnet wird. Diese heute hochgeschätzten Eigenschaften sind daher schon seit sehr langer Zeit bekannt, wenn auch nicht unter dem aktuell geläufigen Namen der Emotionalen Intelligenz.

Direkt an diese Ansichten rund um die Ethik hat Aristoteles seine politische Philosophie angegliedert. Denn ihm zufolge ist ein Staat als Gemeinschaftsform eine sehr wichtige Voraussetzung für menschliches Glück. Aus diesen Ansichten heraus entwickelte sich die Staatsformenlehre, die über viele Jahrhunderte hinweg von großer Bedeutung war. Interessant ist hier sicherlich, dass schon in der Antike Philosophen wie Aristoteles den Staat als eine Form der

Gemeinschaft angesehen haben. Ganz im Gegenzug zu den autoritären Optionen, die später aufgetreten sind und den Zeiten, in denen ein Herrscher quasi allein alles bestimmen kann. Die Form der politischen Lehre ist bis heute bei Weitem nicht überall verbreitet, was sicherlich sehr interessant ist, da hier noch viel verändert werden könnte.

Aristoteles ist nicht zuletzt auch dafür bekannt gewesen und geworden, die Lehren von seinem Lehrer Platon nicht nur teilweise zu übernehmen, sondern diese auch zu kritisieren. Die Philosophie unter Aristoteles kann daher sicherlich als eine Art der Weiterentwicklung der Lehren von Platon angesehen werden.

Ein Schwerpunkt von Aristoteles war das grundsätzliche Thema der Logik. Denn er hat beschrieben, dass der Mensch erst durch logische Schlussfolgerungen zu Wissen gelangen kann. Es handelt sich tatsächlich dabei um die wohl einfachste Form, an Wissen zu gelangen und sich auf der persönlichen Ebene weiterzuentwickeln.

Einige **wichtige Fakten über Aristoteles** in der Kurzform:

- Zusammen mit Platon und Sokrates einer der wichtigsten Philosophen in der Geschichte

- Die Schriften wurden rund 300 Jahre v. Chr. verfasst und sind bis heute noch immer gültig – trotz aller Veränderungen und Entwicklungen in der Welt

- Sein bekanntester Schüler war Alexander III. – besser bekannt als „Alexander der Große"

- Wurde 384 v. Chr. als Sohn eines reichen Arztes in Stageia (Griechenland) geboren

- Der Vater ermöglichte Aristoteles die Ausbildung an der Philosophenschule von Platon – dort blieb er erst als Schüler und dann als Lehrer

- Seiner Lehre und Forschung ging Aristoteles vor allem in Athen nach. Er gründete dort auch seine eigene Schule, das Lykeion

- Berühmte Werke unter anderem aus der Naturlehre, der Rhetorik und der Logik

- Laut Aristoteles kann ein Mensch nur in der Gemeinschaft leben, er hat den Menschen somit als politisches Wesen beschrieben

In der damaligen Zeit galt Aristoteles als sehr fortschritt-
lich, da er eine neue und kompliziertere Art des Denkens
etablierte. Vor allem die Erkenntnisse über den Zusammenhang zwischen Menschen und Natur wurden zu Gesetzen und zur Grundlage von späteren Erkenntnissen. Er
war auf jeden Fall sehr praktisch veranlagt und versuchte
immer, in all seinen Werken eine ganz klare Ordnung zu
erschaffen. So teilte Aristoteles beispielsweise die Lebewesen und Pflanzen in Kategorien ein. Dazu gehört dann
die Unterteilung von Tieren in Wirbeltiere, dann in Säuge-
tiere und dann zum Beispiel die Zuordnung zu den Hun-
den. Da der Philosoph der erste war, der tatsächlich die
Menschen und die Natur in einen Zusammenhang
brachte, wollen wir uns diese Zusammenhänge kurz genauer anschauen.

Eine Aussage von Aristoteles war beispielsweise, dass der
Mensch sich von den Tieren durch eine ganz grundlegende
Eigenschaft unterscheidet: Die Fähigkeit vernünftig zu
denken. Daher wäre der Mensch das vernünftige Tier, da
genau diese eine Eigenschaft den Menschen von allen anderen lebenden Wesen unterscheidet. Später setzte er
diese Erkenntnisse über Menschen und Tiere noch in den
Zusammenhang mit der Entstehung allen Lebens und mit
Gott. Allerdings brachten diese für die damalige Zeit doch
sehr weit fortgeschrittenen Erkenntnisse nicht nur Vorteile, sondern auch Schwierigkeiten mit sich. Denn Aristo-

teles wurde wegen der Gotteslästerung zum Tode verurteilt und musste aus seiner Heimat Athen fliehen. Es ist daher bei Aristoteles genau wie bei allen anderen Gelehrten der damaligen Zeit sehr wichtig, die Aussagen sowie die Konsequenzen in Bezug auf die jeweilige Zeit zu sehen.

Doch nicht nur die Zusammenhänge von der Natur, den Menschen und die Unterteilung in eine Ordnung ist bei Aristoteles zu beachten. Vielmehr gab es neben diesen Werken auch sehr umfassende Überlegungen über die menschliche Lebensführung an sich. Dazu gehörten dann auch die Betrachtungen, was zum Glück und was für ein gutes Leben benötigt wird. So hat der Gelehrte unter anderem 3 Formen des menschlichen Glücks unterschieden, die zusammengehören und für ein wirklich gutes Leben benötigt werden.

Dazu gehören folgende Punkte:

- Ein Leben, welches Vergnügungen und Lust beinhaltet

- Ein Leben als freier und dabei dennoch verantwortlicher Bürger

- Ein Leben als Philosoph genau wie als Forscher

Grundsätzlich sollten Mitte und Maß die Vorgabe sein, zumindest in Bezug auf die Lebensweise. Verschwenderisch oder geizig zu sein lehnte der Philosoph damit ab, da die Menschen großzügig sein sollen. Dieser Bezug wird im Zusammenhang mit verschiedenen Tugenden oder Eigenschaften gezogen.

Interessant ist dabei sicherlich, dass laut Aristoteles ein einseitiges Leben abgelehnt wird und der Mensch sich immer in Bezug auf seine Fähigkeiten und Entwicklungen entfalten muss. Vielleicht sind die zuvor genannten Punkte auf dem Weg zum Glück und für ein gutes Leben heute nur noch bedingt umsetzbar, doch ein vielseitiges Leben spielt noch immer eine große Rolle. Nur wer sich auch entfalten will und daran arbeitet, wird ein wirklich gutes und gleichzeitig glückliches Leben führen. Bis heute führen sicherlich viele, wenn nicht sogar die meisten Menschen, ein eher einseitiges Leben und entfalten sich daher auch nicht so wirklich. Zumindest nicht so, wie es für ein glückliches Leben tatsächlich erforderlich wäre.

Zu seiner Lebenszeit unterteilte Aristoteles außerdem die Philosophie in theoretische und praktische Themen, wie es in diesem Buch schon mehrfach angesprochen wurde. Diese Unterteilung ist für den vorliegenden Ratgeber von großer Bedeutung, da dadurch nur einzelne Themenbereiche angesprochen werden können. Denn die Philosophie ist ganz sicher keine einseitige Wissenschaft, sondern vielmehr mit vielen Teilbereichen verbunden und bezieht sich auf die Handlungen und das Leben genauso wie auf Überlegungen, wie das Leben an sich überhaupt entstanden ist und wie Wissen erworben werden kann.

Mit dem genaueren Blick auf die beiden Philosophen der Antike, auf Platon und Aristoteles, machen wir jetzt einen sehr großen Zeitsprung. Einen Sprung, der genauer gesagt mehr als 2.000 Jahre umfasst, da Immanuel Kant, unser nächster großer Philosoph mit bahnbrechenden Aussagen und Werken, im 18. Jahrhundert gelebt hat.

Kant

Die reine Vernunft und die Freiheit

Sehr bekannt im deutschsprachigen Raum ist sicherlich auch der Philosoph Immanuel Kant, der 1724 in Preußen geboren wurde und bis 1804 gelebt hat. Der Geburtsort Königsberg befand sich ganz im Osten von Preußen und gehört heute zu Russland, wo Kant noch immer als bedeutender Sohn der Stadt bekannt ist. In der Stadt hat der Gelehrte fast sein gesamtes Leben verbracht und gilt bis heute als eine Art Weltveränderer, der sich durch revolutionäre Aussagen bekannt gemacht hat.

Kant ist heute als einer der wichtigsten Vertreter der gesamten abendländischen Philosophie bekannt. Nennenswert ist hier vor allem sein Werk, welches unter dem Namen „Kritik der reinen Vernunft" erschienen ist. Dieses Werk wird bis heute als Wendepunkt in der Geschichte der Philosophie bezeichnet und markiert den Beginn der modernen Philosophie. Beeinflusst hat Immanuel Kant unter anderem die Ethik in dem Werk „Kritik der praktischen Vernunft". Bedeutsam waren aber auch seine Schriften, die sich um die Geschichts-, Religions- und Rechtsphilosophie drehten.

Kant lässt sich nicht allein in die praktische Philosophie einordnen. Vielmehr umfassen seine Bereiche auch die Erkenntnistheorie, um nur ein Beispiel zu nennen, die zur theoretischen Philosophie gehören. Da seine Werke aber unter anderem auch in den praktischen Bereich mit hineingehören, soll er in jedem Fall hier vorgestellt werden. Die Entstehung von Sternen, den Planeten, von den Menschen, Physik und viele weitere Themengebiete haben den Gelehrten besonders interessiert. Eine sehr wichtige Grundüberlegung von Kant war, wie es möglich ist, dass die Menschen friedlich miteinander leben können. Aus dieser Überlegung heraus ist dann im Zuge der Aufklärung folgende, sehr bekannte Aussage, entstanden:

> Habe Mut, dich deines eigenen Verstandes zu bedienen.

Dabei handelt es sich nur um eine von vielen bekannten Aussagen des Philosophen, über die Du noch mehr erfahren wirst. Interessant ist aber nicht nur die Ansicht, dass es wichtig ist, den eigenen Verstand zu nutzen. Auch die Ansichten über die Vernunft an sich und die allgemeinen Überlegungen, wie es möglich ist, dass die Menschen friedlich zusammenleben, sind ebenfalls stark prägend und sollten hier nicht vergessen werden. Menschen sollen also, soweit möglich, immer für sich selbst denken und nicht immer den anderen das Denken überlassen. Was ja bis heute noch immer stark verbreitet ist, da viele Menschen andere Denken lassen und selbst nur noch diesem vorgelebten Denken folgen – ohne wirklich viel zu reflektieren und ohne hier selbst zu überlegen, was richtig ist und was nicht. Vielleicht lässt sich das auch auf die heutige

Verbreitung zurückführen, dass die Medien, Politiker und teilweise sogar die Menschen in den jeweiligen sozialen Netzwerken das Denken übernehmen. Etwas zu hinterfragen und nicht einfach nur blind den Vorgaben sowie fremden Gedanken oder Erkenntnissen zu folgen, ist daher sicherlich eine von ganz vielen Lehren, die aus den Ansichten von Kant gewonnen werden könnten.

Erwähnenswert ist an dieser Stelle auch der von Kant ins Leben gerufene Kritizismus, der von Schopenhauer später verfechtet wurde. Dabei handelt es sich um einen Teilbereich der Erkenntnistheorie, der sich um die Kunst der Beurteilung dreht. Es geht um die Möglichkeit der Erkenntnis und um die Geltung von Urteilen. Der Kritizismus von Kant wird als Ergebnis der Kritik der reinen Vernunft angesehen, die der Philosoph verfasst hat. Im Kritizismus nach Kant ist keine gültige Metaphysik erforderlich, obwohl diese auch nicht verneint wird. Überhaupt war es ja eine typische Vorgehens- und Verhaltensweise von Kant, die Dinge zu hinterfragen und eben nicht alles als gegeben hinzunehmen.

Ohne die „Kritik der reinen Vernunft" – das große Werk von Kant sind die Ansichten des Philosophen nicht weiter verständlich. Hier spalten sich in Bezug auf dieses Werk die Meinungen, da es sich einigen Menschen zufolge um eines der großen Werke der abendländischen Geschichte und Philosophie handelt. Kritiker hingegen halten Kants

Werk für regelrecht unlesbar und nicht weiter verständlich. So oder so konnte nach dem Erscheinen des Buches niemand mehr an Diskussionen rund um die Philosophie teilnehmen, wenn das Werk nicht gelesen wurde. Kant hat also darauffolgende Generationen an Philosophen stark geprägt. Ein Blick auf die Inhalte von der im Jahre 1781 erschienenen Kritik der reinen Vernunft ist aber von großer Bedeutung, nicht zuletzt auch deshalb, weil dieses Werk viele andere Gelehrte geprägt hatte und Schopenhauer ebenfalls Bezug auf diese Lehren nimmt. Darüber erfährst Du im nächsten Kapitel bei der genaueren Vorstellung von Arthur Schopenhauer noch mehr. Das Lebenswerk von Immanuel Kant wurde über einen Zeitraum von mehreren Jahrzehnten verfasst und ist somit untrennbar mit Kant verbunden. Jetzt stellt sich noch die Frage, was denn überhaupt an Inhalten in diesem Buch enthalten ist und inwiefern diese in der heutigen Zeit von Bedeutung sein könnten.

Zunächst einmal wurden in der Kritik der reinen Vernunft **vier essenzielle Fragen** gestellt:

- Was kann ich wissen?

- Was soll ich tun?

- Was darf ich hoffen?

Entsprechend stellte Kant nicht nur diese Fragen, sondern machte sich passend dazu auch auf die Suche nach Antworten. Diese Fragen und Antworten werden dem Verständnis zufolge der Erkenntnistheorie zugeordnet, einem Teilbereich der theoretischen Philosophie. In diesem Werk ruft Kant die Menschen dazu auf, Verantwortung für die eigenen Handlungen zu übernehmen und den eigenen Verstand zu nutzen. Dazu gehörte auch die Ablösung von der Abgabe der Verantwortung an Gott, wie es ja tatsächlich vor den Zeiten der Aufklärung sehr oft der Fall war. Jeder eigene Mensch soll sein Wissen erlangen, seinen Verstand benutzen und die Verantwortung für die Handlungen nicht immer abgeben, wie es sonst so gerne gemacht wird. Ein sehr bekanntes und bis heute verwendetes Zitat zu diesem Thema stammt ebenfalls von dem Philosophen:

Was du nicht willst, dass man dir tut — das füg auch keinem andren zu.

Diese Aussage wird schließlich bis heute gerne verwendet und könnte auch in Bezug auf alle Handlungen sowie auf die Moral oder die Ethik verwendet werden. Wer die anderen Menschen so behandelt, wie man es sich selbst wünscht, ist in jedem Fall auf einem guten Weg. Ganz egal, was zunächst einmal zurückkommt aber der erste Schritt für gute, positive Handlungen muss schon von jedem einzelnen kommen und sollte nicht immer von den anderen erwartet werden.

Beweise für Gott gibt es laut Kant nicht, sodass freies Denken erlaubt und erwünscht wäre. Diese Aussage ist natürlich immer in Bezug auf die damalige Zeit mit vielen streng gläubigen Menschen sowie mit einer sehr großen Macht der Kirche zu sehen. In der heutigen Zeit mag eine solche Aussage normal klingen, zumindest in unserer Gesellschaft. Zu Zeiten von Kant war das aber etwas anders, sodass Gläubige die Werke und Aussagen als Herabwürdigung der heiligen Schriften angesehen haben und sich entsprechend angegriffen gefühlt haben. Es ging sogar so weit, dass der Vatikan einige Jahre nach seinem Tod im Jahre 1827 die Schriften von Kant auf die Liste der verbotenen Bücher gesetzt hatte. Obwohl Kant selbst zu Lebzeiten auf starken Widerstand gestoßen ist und es immer mehr Verbote in Bezug auf Aussagen zur Religion gab, hat er nie von seiner Denkweise und von seinen Arbeiten abgelassen.

Interessant als Hintergrundinformation zu Immanuel Kant, seinen Aussagen, Lehren und seinem berühmten Werk ist ganz bestimmt noch sein Leben an sich. Im Gegensatz zu vielen anderen Philosophen war für ihn Reisen nicht wichtig, um bedeutende Erkenntnisse zu erlangen. Weder hat Kant jemals seine Heimat wirklich verlassen noch eine Frau gefunden noch von seinem ganz strikten, strengen Tagesablauf abweichen wollen. Die Disziplin von Immanuel Kant war regelrecht legendär und es gibt wohl kaum einen Gelehrten oder Forscher, der so diszipliniert gearbeitet und gelebt hat. So hat Kant sich zum Beispiel immer um Viertel vor fünf morgens wecken lassen, immer zur gleichen Zeit gegessen, gelehrt, nachgedacht und ist stets um 10 Uhr abends ins Bett gegangen. Alle Tage glichen in diesem Aufbau einander und durch diese ganz strikte Struktur hat Kant sich im Laufe der Jahre nicht nur ein enormes Ansehen erarbeitet, sondern auch viele wichtige und bis heute gültige Schriften verfasst. Im Jahre 1804 ist Immanuel Kant dann in dem stolzen Alter von 80 Jahren in seiner Heimatstadt verstorben. Die Epoche der Aufklärung wird im Wesentlichen auf den Einfluss und die Werke des Philosophen zurückgeführt.

Das Thema der Ethik behandelte Kant in seinem Werk „Kritik der praktischen Vernunft", sodass er sich nicht nur mit den theoretischen Fragen beschäftigt hatte. Überhaupt zeichnet sich der Gelehrte, der über lange Jahre hinweg unterrichtet hatte, durch eine Vielzahl an Themen aus, zu denen er Werke verfasst oder Wissen angesammelt hatte. In seinen Werken stellte Kant dar, dass die Vernunft als höchste und letzte Instanz der Moral gilt. Doch es geht noch weiter, denn die Freiheit hängt ebenfalls stark mit der Ethik zusammen, die von Kant entwickelt wurde. Hier ist nicht zuletzt auch die Freiheit gemeint, der Vernunft zu folgen und den Regeln zu folgen, die von der Vernunft wieder vorgegeben werden. Das bezieht sich dann auch auf die Regeln des Zusammenlebens, auf Handlungen und darauf, wie mit anderen Menschen umgegangen wird. Laut Kant hat die Vernunft die Vorherrschaft, also die Macht, über das Wirkliche. Die Wirklichkeit wird somit auch von der Vernunft mitbestimmt und existiert nicht ohne diese.

Es gilt außerdem, dass nur ein Mensch moralisch handelt, wenn er sich dabei nicht von sinnlichen Beweggründen leiten lässt. Triebe, Bedürfnisse und Neigungen sollen demzufolge nicht zu Handlungen führen und lassen Unmoralisches zu, was gegen die gängigen Sitten verstößt. Wenn das Sittengesetz befolgt wird, handeln die Menschen somit autonom, also selbstbestimmt und nicht fremdbestimmt. Es geht um rationale, wohlüberlegte und eben vernünftige Handlungen. Hier ist auch die Einbindung von dem Freiheitsbegriff interessant und wichtig, da die Freiheit nach Kant ein Grundbegriff der Moral ist. Damit ist aber keine Zügellosigkeit gemeint, wie sie vielleicht heute bis zu einem gewissen Punkt mit diesem Begriff verbunden wird, sondern nur die Freiheit, eben dem eigenen Sittengesetz zu folgen. Das Sittengesetz könnte auch als Gewissen bezeichnet werden, welches ja jeder einzelne Mensch aufweist und für sich entwickelt. Zumindest sollte das der Fall sein.

Die Idee von Kant ist es auch gewesen, durch theoretische Fragen und Überlegungen eine gute Grundlage für die praktische Philosophie zu schaffen. Die Vernunft des Menschen soll bei allen Handlungen unterstützen und dazu führen, dass diese immer moralisch bewertet werden können. Als Ideal wird die Forderung der Sittlichkeit angesehen, sodass es keinen Menschen gibt, der diese Ideale immer und zu allen Zeiten einhalten kann. Doch die Menschen können ihr Handeln steuern, vernünftig bewerten und sind in der Lage dazu, nur so zu handeln, dass hier Willen und Vernunft übereinstimmen und zum Sittengesetz passen. Damit stellt Kant hohe Anforderungen an die Menschen, da ja sehr oft Handlungen aufgrund von Begierden oder Bedürfnissen und eben nicht aus rationaler Sicht heraus erfolgen.

Doch auch in Bezug auf die politische Philosophie hat Kant entsprechende Schriften verfasst, die noch immer eine gewisse Rolle spielen. Erwähnenswert ist an dieser Stelle vor allem die Schrift „Zum ewigen Frieden", in der es mehr oder weniger um den Weltfrieden sowie um eine Anleitung dazu geht. Eine Aussage aus dieser Schrift ist zum Beispiel, dass kein Staat sich gewalttätig in die Verfassung und Regierung eines anderen Staates einmischen soll. Da genau das bis heute weiterhin passiert, sind die Schriften und die politische Philosophie sicherlich im Moment so aktuell wie schon lange nicht mehr. Oder die Aussagen bleiben schlicht immer aktuell, da wir ja im Moment leider sehr weit von einem Weltfrieden entfernt sind und solche Einmischungen in andere Staaten auch immer wieder vorkommen. Außerdem enthält diese Schrift noch eine Besprechung von dem Zusammenhang zwischen Politik und Moral. Es wurde gefordert, dass sich jedes politische Handeln auch nach dem Gesetz der Sittlichkeit richten muss. Anders gesagt ist dieser Schrift zufolge die Politik definitiv nicht ohne die Moral und die Gesetze der Sittlichkeit denkbar.

Die **Werke und Ansichten von Kant** in der Zusammenfassung:

- Appell an die Menschen, den eigenen Verstand zu nutzen

- Großes Werk: „Die Kritik der reinen Vernunft"

- Gilt als Begründer des kritischen Idealismus, der die Grundlage für die Werke vieler weiterer Gelehrter bildet oder diese stark beeinflusst hat (zum Beispiel Schopenhauer)

- Hat einen Wendepunkt der Philosophie eingeleitet: Die Aufklärung

- Entscheidende Prägung von den zukünftigen Generationen durch Aussagen und Werke (Kants Werk war eine Art Pflichtlektüre von allen weiteren Philosophen)

- Hat sich durch ein sehr diszipliniertes Leben mit einem klar durchgetakteten Alltag ausgezeichnet

- Die Vernunft der Menschen ist angeboren und ermöglicht rationales Handeln

- Moralisches Handeln entsprechend der Sitte ist frei von Lust oder Begierden

Menschen können ihre Handlungen moralisch bewerten und sollten immer selbstbestimmt handeln

Einfluss auf die politische Philosophie durch die Schrift „Zum ewigen Frieden"

Freiheit, den Gesetzen der Sitte zu folgen und nicht im Sinne von Zügellosigkeit zu verstehen

Die zuvor genannten Zitate stellen nur einige mögliche Beispiele dar, da der Gelehrte tatsächlich viele bekannte Aussagen hinterlassen hat, die nur oft gar nicht auf Kant zurückgeführt werden. An dieser Stelle kommen einige weitere Aussagen, die ebenfalls von dem Philosophen stammen und unvergessen sind:

Was kann ich wissen? Was kann ich tun?

Die Fähigkeit, mit ihrer Vernunft zwischen Recht und Unrecht zu unterscheiden, ist allen Menschen angeboren.

Zwei Dinge erfüllen das Gemüt mit Ehrfurcht: der bestirnte Himmel über mir und das moralische Gesetz in mir.

Diese Aussagen verraten auch direkt so einiges über die Ansichten des Philosophen in Bezug auf Moral, auf die Vernunft und auf die Handlungen, die so ausgeübt werden. Interessant ist hier sicherlich der Verweis auf die Vernunft des Menschen, die als angeborene Fähigkeit angesehen wird. Andere Gelehrte haben die Fähigkeiten, zwischen richtig und falsch zu unterscheiden, schließlich mehr als erworbene, also erlernte Option angesehen. Jedoch nicht als eine angeborene Fähigkeit, die jeder Mensch damit schon von Geburt an innehat. Es lohnt sich sicherlich, über diesen Ansatz der Vernunft und über den menschlichen Umgang damit nachzudenken, da es ja nicht immer so scheint, als wäre die Vernunft allen Menschen zu eigen. Hast Du Dich schon einmal gefragt, inwiefern Vernunft und das Wissen um richtige und falsche Handlungen angeboren ist? Und, bis zu welchem Punkt dieses Wissen in Form von einem moralischen Kompass erlernt wird? Immanuel Kant hat es ohne Frage schon zu Lebzeiten geschafft, dass die Menschen begonnen haben, nachzudenken und mehr zu hinterfragen. Kein Wunder also, dass er mit solchen Aussagen und Werken heftig diskutiert wurde und sich die Gläubigen sowie im Allgemeinen die Kirche von ihm bedroht gefühlt haben. Durch solche Überlegungen werden schließlich auch der Religion und ihren Regeln und Grundideen die Basis genommen, da es auch eine andere Herangehensweise an alles gibt.

Hier lässt sich also tatsächlich festhalten, dass es ganz undenkbar ist, ohne das Werk von Immanuel Kant weiter über die Philosophie und die aktuelle Zeit zu sprechen. Es gibt einfach einige Gelehrte, die in Bezug auf die Philosophie die Welt entscheidend mitgeprägt haben. Hier sind sicherlich nicht nur Platon, Sokrates oder Aristoteles zu nennen, sondern in der neueren Zeit eben auch bekannte Größen wie Kant. Genau wie Schopenhauer und Nietzsche, um die es noch in den kommenden Kapiteln gehen soll. Auf diese Weise hast Du einen guten gesamten Überblick über die Philosophen, die zu unserem heutigen Wissen und zur Denkweise in vielen Bereichen beigetragen haben.

Schopenhauer

Von Mitleid, Ethik und dem
Pessimismus

Nur wenig später als Immanuel Kant ist Arthur Schopenhauer mit seinen Werken der Philosophie bekannt geworden. Der ebenfalls deutsche Philosoph und Autor wurde 1788 in Danzig geboren und verstarb im Jahre 1860 in Frankfurt am Main. Bezeichnet für Schopenhauer war seine sehr pessimistische Weltanschauung. Außerdem ist der Philosoph für seine Ideen rund um den subjektiven Idealismus, der Mitleidsethik und für seine Werke rund um die Metaphysik bekannt geworden. Der negativen Weltanschauung hat Schopenhauer es zu verdanken, dass er oft als Misanthrop bezeichnet wurde. Hier wäre vielleicht noch erwähnenswert, dass zum Ende des 19. Jahrhunderts hin der Pessimismus, also die negative Weltanschauung, zu einer richtigen Modeerscheinung wurde. Es war ein Trend, negativ zu denken und die Welt auf diese bestimmte Weise zu sehen – auch wenn das heute zunächst einmal recht weit hergeholt klingt. Diese Hintergrundinformation erleichtert somit auch das Verständnis der für die heutige Zeit sehr eigenwillig klingenden Weltanschauung, die Arthur Schopenhauer in seinem Leben begleitet hatte.

Arthur Schopenhauer war zeit seines Lebens eher ein Einzelgänger und Single und äußerte sich oft negativ über Frauen und Beziehungen. Der Doktor der Philosophie hatte einige Verhaltensweisen, die verschroben wirken.

Nur ein Beispiel ist, dass er sich sein ganzes Leben lang einen Pudel gehalten hat – der aber immer den gleichen Namen erhielt, da Schopenhauer zufolge in jedem Hund ein anderer Hund enthalten ist. Trotz der vielen pessimistischen Grundauffassungen hat Schopenhauer viele Literaten und auch Philosophen inspiriert.

Ganz wichtig ist zum Verständnis von Schopenhauers Werk das Wissen, dass er Buddhist war und sich diese religiöse Grundeinstellung stark in seinen Werken widerspiegelt. Denn, wie nun einmal im Buddhismus üblich, bedeutete das Leben für den Philosophen Leiden und wurde mit diesem gleichgesetzt. Die Ethik von Schopenhauer bezieht sich auf dieses Leiden und damit auf Mitleid gegenüber Menschen und Tieren. Anders gesagt ist damit gemeint, dass die Menschen gegenüber anderen Menschen und auch gegenüber Tieren zu Mitleid verpflichtet sind. Daher stammt auch der für den Philosophen typische Name der Mitleidsethik.

Das wohl bekannteste Werk von Schopenhauer wurde unter dem Namen „Die Welt als Wille und Vorstellung" veröffentlicht. Dieses Hauptwerk beinhaltet vor allem die Ansicht des Gelehrten, dass die Welt die eigene Vorstellung ist und dieser entspricht. Da es in diesem Werk um die philosophischen Ansichten von Schopenhauer und auch um seine Ethik geht, sollen die Grundgedanken an dieser

Stelle noch ein wenig näher betrachtet werden. Wichtig ist noch, zum Verständnis des Werks und der darin enthaltenen Gedanken, dass Schopenhauer als sehr überzeugter Verfechter, von dem im letzten Kapitel erwähnten Kritizismus galt, den Immanuel Kant ins Leben gerufen hatte.

Die ersten beiden wichtigen Gedanken in Schopenhauers Werk befassen sich mit der Erkenntnislehre sowie mit der Metaphysik. In Bezug auf die Erkenntnislehre war für den Gelehrten nur das richtig und als Wahrheit aussprechbar, dass die ganze Welt ein Objekt in Bezug auf ein Subjekt ist. Gemeint ist damit, dass der Verstand reagiert und eine regulierende und reaktive Bedeutung zu den Erkenntnissen innehat. Die Welt ist quasi etwas Gegebenes und wird als Objekt angesehen. Jeder einzelne Mensch muss dann auf der Ebene des Verstandes die Erkenntnisse einordnen und auf diese reagieren. Diese Aussagen beziehen sich auf die Erkenntnislehre, der sich wiederum die Metaphysik anschließt.

Mit der Metaphysik ist gemeint, dass die Welt der Vorstellung die Ausprägung des eigenen Willens ist. Die Bewegungen des Menschen meinen hier die zu einem Willen gewordene Vorstellung jedes einzelnen Menschen. Dann wird auch noch von der Ästhetik gesprochen, die die Welt als Vorstellung betrachtet – ganz unabhängig vom Grund und als Objekt der Kunst. Die Erkenntnislehre, Metaphysik und Ästhetik wurden an dieser Stelle absichtlich nur sehr kurz angeschnitten, da es sich um Themen der theoretischen Philosophie handelt, deren genaue Darstellung würde daher an diesem Punkt zu weit führen. Wichtig ist vor allem, dass Schopenhauer sich in seinem Werk stark über die eigene Vorstellung der Welt und die Steuerung der Welt durch den Willen ausgelassen hat. Wichtig für die praktische Philosophie ist aber ganz besonders, dass auch die Ethik des Gelehrten näher benannt wurde.

Laut Schopenhauer sieht er die Teilnahme der Menschen am Weltprinzip als Ursache für die eigenen Leiden im Leben. Wie zuvor schon erwähnt, hat Schopenhauer das Leben als Buddhist als Leidensweg angesehen. Das ethische Grundprinzip ist bei dem Gelehrten das Mitleid. Dieses Mitleid gilt als emotionales Leitbild, als regelrechte Richtschnur für das moralische Handeln und lässt sich daher nicht von den Handlungen trennen. Für den Philosophen sind eigenes und fremdes Leid genau gleich. Diese Annahme beruht auf der Vorstellung, dass das wahre Wesen von allen Menschen darin besteht, den Willen zum Leben zu haben, und alles sich wiederfindet. Ein gutes Beispiel dafür waren die vielen Pudel in Schopenhauers Leben, die von ihm als eine Art Einheit angesehen wurden und nicht richtig in Bezug auf ihre Persönlichkeit oder ihr Wesen voneinander unterschieden wurden.

Diese Ansichten wirkten sich auch auf die Ethik aus. Denn eigenes und fremdes Leiden kann Schopenhauer zufolge nur durch die Verneinung des Willens beendet werden. Anders gesagt sind damit Entsagung und Askese gemeint. Dadurch zeigt sich wieder, wie stark der Buddhismus sämtliche Ansichten und Werke von Schopenhauer geprägt hatte. Die Entsagung von dem eigenen und fremden Leid sowie das moralische und ethische Handeln erfordern aber ein Verständnis der Welt, wie der Gelehrte es in seiner theoretischen Philosophie erläutert hatte. Die Mitleidsethik stellt in jedem Fall eine besondere Form der Ethik dar, die sich von den Aussagen vieler anderer Gelehrter unterscheidet. Dennoch ist es bis heute wichtig, zu wissen, dass die Handlungen in Bezug auf andere Menschen, die Natur, die Umwelt und die Tiere nicht selten auf reinem Mitleid beruhen. Dadurch lassen sich eigene Handlungen oft eher verstehen und besser nachvollziehen, da Mitleid ein großer Antriebsfaktor in bestimmten Bereichen sein kann. Jedes Individuum identifiziert sich bis zu einem gewissen Punkt mit anderen Menschen, Tieren und Dingen. Mitleid als Kern der Moral zu verstehen, führt damit zu einem ganz bestimmten Blick auf die Welt und die Handlungen aller Menschen.

Nicht ganz unwichtig für das gesamte Verständnis von Schopenhauer und seinem Werk ist auch der sogenannte Pessimismus, der sich auf die sehr negative Weltanschauung bezieht. Der Pessimismus gilt als Zentrum der Meta-

physik des Gelehrten. Da es sich um eine sehr radikale Anschauung handelt und die negative Weltanschauung sich
von allen anderen Gelehrten oder deren Werken abhebt,
macht es Sinn, die Zusammenhänge hier genauer zu betrachten, da diese nicht wirklich zu den sonstigen Lehren
der Philosophie passen. Jetzt hat aber der Philosoph daran
festgehalten, dass die Wesen und die Erscheinung oder
Vorstellung der Welt ein regelrecht unversöhnlicher Dua-
lismus sind. Es gibt also keine Versöhnung und die ewige
Zerrissenheit hält genau wie das Leiden der Menschen an.
Das Ich befindet sich in einer Gefangenschaft des Geistes
und kann daraus auch nicht entfliehen. Dieses Ich ist nicht
nur gefangen, sondern spürt auch Leid, Lust, Schmerzen
und Begehren und hat darüber hinaus klare Vorstellungen
von der Welt an sich. Dadurch werden am Ende auch wieder alle Handlungen der Menschen beeinflusst.

Die **wichtigsten Fakten rund um Schopenhauer** in
der Zusammenfassung:

- Zeichnet sich durch eine sehr negative Weltanschauung aus und hat den Pessimismus
  erst wirklich in die Welt gebracht

- Die religiösen Vorstellungen als Buddhist prägen sämtliche Werke in einem sehr großen Maße

- Der Kern der Moral ist das Mitleid

- Die Mitleidsethik prägt die ethischen Vorstellungen und besagt, dass alle Handlungen aus Mitleid erfolgen

- Ein Einzelgänger mit klaren, negativen Ansichten über das Leben, die Liebe und die Frauen

- Schopenhauer prägte nicht nur die philosophischen Ansichten seiner Zeit, sondern war auch in literarischer Hinsicht von großer Bedeutung

- Die Welt als Wille und Vorstellung ist eine prägende Ansicht des Gelehrten

- Eigene Weltanschauung ist für das Verständnis der Aussagen von großer Bedeutung

Dem genaueren Blick auf die Werke von Kant und Schopenhauer soll jetzt noch eine Darstellung der Ansichten von Nietzsche folgen. Mit der Vorstellung dieser bekannten Philosophen und ihren Orientierungen fällt im Anschluss die Umsetzung der Theorie auf die praktische Seite in der heutigen Zeit leichter. Zugegeben, es fällt nicht immer leicht, die doch stark von der jeweiligen Zeit geprägten Ansichten und Werke immer auf die aktuellen Zustände umzuwälzen. Doch es ist in vielen Situationen tatsächlich möglich und kann dadurch nicht zuletzt beim Verständnis einzelner Momente helfen und Anleitungen zu den eigenen Handlungen geben.

Nietzsche

Gott ist Tod!

Als letzter bekannter Vertreter der Philosophie und Gelehrter, der das aktuelle Verständnis der Philosophie mitgeprägt hat, soll jetzt noch Nietzsche vorgestellt werden. Der Philosoph hat vor allem auch einige Aussagen von sich gegeben, die bis heute in den allgemeinen Sprachgebrauch eingegangen sind. Der Gottlose – so wird Nietzsche ebenfalls genannt. An dieser Stelle wollen wir uns einmal das Leben und Schaffen des von 1844 bis 1900 lebenden Friedrich Nietzsche ansehen.

Der deutsche Philosoph hat viele bis dahin gängige Werte und Vorstellungen überworfen und begann schon mit nur 24 Jahren als Professor an der Universität Basel zu lehren. Nietzsche hat regelrecht mit dem Holzhammer auf bis dahin übliche Werte und Vorstellungen geschlagen. Hierbei wäre noch erwähnenswert, dass die Aussage „Gott ist Tod" heute einen regelrechten Kultstatus erhalten hat. Nietzsche wurde nicht zuletzt mit solchen Aussagen unsterblich. Dabei hat alles mit dem Christentum und der Religion zu seiner Zeit zu tun, die von Nietzsche als völlig sinnentleerte und lebensfeindliche Religion angesehen wurde. Daher sagte Nietzsche nicht zuletzt in seinem berühmten Werk „Fröhliche Wissenschaft", dass wir Menschen Gott getötet, ihn regelrecht erschlagen haben. In der Rolle des „tollen Menschen" berichtet der Schriftsteller von der Ermordung Gottes und sagt, dass Gott nicht nur Tod ist, sondern auch Tod bleibt. Das war natürlich in der damaligen Zeit gegen alle Vorstellungen und hat nicht umsonst empört und für Unverständnis gesorgt. Berühmt geblieben ist der Philosoph dennoch durch seine Werke, die außerdem sehr gut lesbar sind, da er zudem noch ein herausragender Schriftsteller war.

Nietzsche war ein bekannter Vertreter des Nihilismus, des Skeptizismus und des Perspektivismus und hat viele bis heute wichtige Schriften hinterlassen. Wichtig wäre es noch, zu erwähnen, dass der Philosoph erst nach seinem Tod berühmt geworden ist und nicht vorher. Grundsätzlich wäre noch zu sagen, dass Nietzsche sich nach der klassischen Philosophie gerichtet hat und stark von Schopenhauer geprägt wurde, dessen Werke ihn begeistert haben. Schopenhauer mit seinem negativen Weltbild, der sagte, dass Leben Leiden bedeutet, hat sein späteres Bild geprägt. Philosophie war für Nietzsche viel mehr Kunst als Wissenschaft, da diese keine Wahrheiten hervorbringen kann und immer die subjektive Meinung beinhaltet. Alles ist aus der Sicht der jeweiligen Person zu sehen, sodass es keine wirklich allgemeingültigen Aussagen gibt. Es gibt damit keine richtigen Tatsachen, sondern immer nur Interpretationen der aktuellen Momente.

Nietzsche ist ohne seine Aussagen in Bezug auf Gott und die Prägung von dem Begriff des Übermenschen nicht wirklich verständlich. Der sogenannte Übermensch war für den Philosophen der ideale Mensch, der sich frei von Vorstellungen der Religion und der Moral entfalten kann. Das Christentum wurde von dem Philosophen für seine Sklavenmoral stark verurteilt. Erwähnenswert ist hier auch, dass für ihn die Religion genau wie Ethik nur dafür da sind, die Schwächeren auszunutzen und die Mächtigen zu zügeln. Der Mensch soll sich nicht mehr von Religion oder Ethik, sondern nur noch von sich selbst leiten lassen. Dafür wäre es aber erforderlich, dass der Mensch erst einmal ausgerottet wird, damit die Rasse der „Übermenschen" emporsteigen kann.

Diese Idee des noch nicht-existierenden Übermenschen hat Nietzsche dann in seinem bekannten Werk „Also sprach Zarathustra" weiter thematisiert. Dieser Übermensch sei eine Art höherer Mensch, der dann eine neue Moral erschaffen wird. Alte Werte und Normen müssen für diese Herrschaft der Übermenschen umgestoßen werden und Gott muss ebenfalls neu erschaffen werden. Hier wäre aber ganz wichtig zu erwähnen, dass für Nietzsche der Übermensch eben nicht existiert und er davon ausgeht, dass die Welt und das Leben an sich ungerecht sind.

Die Lehren von Nietzsche gelten übrigens als sehr umstritten. Das liegt weniger an ihm selbst, sondern daran, dass er einige Begriffe wirklich in den deutschen Sprachgebrauch integriert hatte, die später stark missbraucht wurden. Vor allem Begriffe wie „Übermensch", „Wille zur Macht" und „Herrenmoral" wurden von den Nationalsozialisten verwendet. Diese Umstände tragen dazu bei, dass die Lehren des deutschen Philosophen noch immer so stark umstritten sind und die genutzten Begriffe häufig nicht mehr verwendet werden können.

Folgende **Begriffe und Aussagen** prägte **Nietzsche:**

- Gott ist Tod!

- Übermensch

- Wille zur Macht

- Herrenmoral

- Ohne Musik wäre das Leben ein Irrtum

- Wer von seinem Tag nicht zwei Drittel für sich selbst hat, ist ein Sklave.

- Neue Wege entstehen, indem wir sie gehen.

- Was aus Liebe getan wird, geschieht immer jenseits von Gut und Böse.

- Die Philosophie ist eine Art Rache an der Wirklichkeit.

- Es ist leichter, einer Begierde ganz zu entsagen, als in ihr maßzuhalten.

Dabei handelt es sich nur um einige der Zitate, die bis heute bekannt sind und alle auf den Schriftsteller und Philosophen zurückzuführen sind. Es gibt im Gegensatz zu anderen Philosophen kein ganz einheitliches Werk, sondern vielmehr verschiedene Schriften mit Aussagen, die auf sich aufmerksam gemacht haben. Die starke Kritik am Christentum ist hier in jedem Fall genau wie der Übermensch wichtige Aussagen, die Nietzsche nach seinem Tod sehr bekannt gemacht haben. Allerdings ganz sicher nicht nur in positiver Hinsicht, wie die Verwendung der Ideen und Aussagen zur Zeit der Nationalsozialisten zeigt.

Wichtige Daten und Fakten in der Zusammenfassung:

- Nietzsche gilt als gottloser Philosoph und kritisierte stark das Christentum

- Das Christentum behindert Kultur und Wissenschaft erheblich

- Philosophie ist mehr Kunst als Wissenschaft

- Der Übermensch errichtet eine neue Ordnung und herrscht frei von Religion und Moral

- Prägte viele Begriffe im deutschen Sprachgebrauch

- Der Philosoph übernahm vieles von Schopenhauers Weltbild

- Schriftsteller und Philosoph

- Prägte die Begriffe der Herren- und Sklavenmoral (Einstellung der Herrschenden und der Elenden)

- Mitleid gilt als Gefahr – aktive Mitfreude und eine grundsätzliche Lebensbejahung sind die wichtigen Werte

- Berühmtheit erst nach dem Tod

Zu Zeiten der Nationalsozialisten wurden die Ideen und Begriffe missbraucht

Vielleicht ist Nietzsche damit der umstrittenste der vorgestellten Philosophen, der jedoch gerade in Bezug auf die Sprache einen prägenden Eindruck hinterlassen hat. Wichtig ist beim Verständnis noch, dass für den Philosophen nicht einfach nur Ansichten in Bezug auf Moral und Ethik übernommen werden sollten. Vielmehr ist es auch wichtig, diese zu überdenken, neu zu bestimmen und frei von der Religion zu sehen. Da Nietzsche sich von Schopenhauer inspiriert fühlte und dieser wiederum von Kant, macht die Reihenfolge der Philosophen an dieser Stelle am meisten Sinn. So lässt sich auch einfacher erkennen, wie die Entwicklung über die Jahre hinweg vor sich ging und welche Einflüsse und Aussagen besonders prägend waren.

Nach diesem genaueren Blick auf die einzelnen Vertreter der Philosophie und ihre Lehren fällt es sicherlich leichter, einen Überblick über die Möglichkeiten in der praktischen Anwendung zu erhalten. Die Lehren wurden im Laufe der Zeit weiterentwickelt und sind daher natürlich nicht auf dem Stand der griechischen Antike geblieben, was natürlich auch sinnvoll ist. Es gibt noch weitere, für die Philosophie enorm wichtige Vertreter, die aber an dieser Stelle nicht mehr genauer dargestellt werden sollen. Vor allem die Bereiche der Ethik, die Kultur- und Sozialphilosophie sowie nicht zuletzt auch die Vernunft sind heutzutage noch immer von sehr großer Bedeutung und lassen sich gar nicht aus dem Alltag wegdenken.

der Philosophie

Die Bedeutung der Philosophie ist bis heute vorhanden, vor allem wenn es um das Zusammenleben in der Gesellschaft geht. Denn es ist oft ein schmaler Grat zwischen dem Handeln, welches für die eigene Entwicklung und Persönlichkeit richtig oder angemessen ist und dem, welches für andere Menschen ebenfalls wichtig ist.

Gerade die Ethik sowie das korrekte Verhalten von Unternehmen in Bezug auf die Umwelt, in der Wirtschaft und in der Politik spielen eine immer größere Rolle in der aktuellen Zeit. Dabei handelt es sich daher um alles andere als um überholtes Wissen, welches in der heutigen Zeit nicht mehr benötigt wird.

Natürlich beschäftigen sich weiterhin viele Menschen mit dem Sinn, mit der Welt und versuchen, sowohl das eigene Ich als auch die Wirklichkeit zu erklären und zu verstehen. Doch sicherlich liegt eine ebenso große Bedeutung auf Anleitungen zum Handeln und auf den Möglichkeiten, in der heutigen Zeit eine richtige Erziehung zu leisten. So zu handeln, dass die Würde der Menschen, die Gemeinschaft und andere grundlegende Dinge beachtet werden, erfordert Wissen, genaue Überlegungen und die entsprechende Erziehung.

Darüber hinaus soll die Philosophie dabei unterstützen, die Wissenschaft in einigen Bereichen skeptisch zu betrachten und nicht als einzige Wahrheit anzusehen. Es gibt quasi eine Grenze zwischen der Vernunft und der Unvernunft der Menschen und, um diese zu erkennen, kann Philosophie tatsächlich sehr hilfreich sein. Gerade den regelrechten Bruch zwischen der Wissenschaft und der Religion kann die Philosophie kitten und hilft dabei, die eigene Weltanschauung kritischer zu hinterfragen. Dieses Hinterfragen der eigenen Weltanschauung ist sicher dann auch sinnvoll und hilfreich, wenn man einen starken religiösen Glauben hat und/oder der Wissenschaft eine große Bedeutung beimisst.

Vielleicht sollte an dieser Stelle noch einmal auf die Bedeutung der praktischen Philosophie in der Erziehung eingegangen werden. Denn es ist schließlich nicht umsonst der Fall, dass in der Schule und auch in bestimmten Studiengängen im sozialen Bereich an der Universität dem Thema Philosophie eine große Bedeutung beigemessen wird. Das Wissen um die Werke von Aristoteles oder Platon gehört zur Allgemeinbildung und es hätte zudem weitreichende Konsequenzen, wenn diese einfach verbannt werden würden.

Aber hier geht es um noch mehr, da Dir die Philosophie dabei hilft:

- Mit Blick auf die Würde des Menschen zu handeln

- Kritischer die Inhalte aus den Nachrichten und Medien zu betrachten

- Ethisch korrekt zu handeln und entsprechende Einstellungen aufzubauen

- Eine Orientierung im Leben zu finden, die keiner Religion entspricht

- Menschliche Aspekte und Bedürfnisse im Blick zu behalten

- Die Gesellschaft und das Zusammenleben der Menschen zu verstehen

- Die Kultur und die Entstehung von kulturellen Besonderheiten nachzuvollziehen

- Die Ordnung des Zusammenlebens nachzuvollziehen und darauf basierend Änderungen umzusetzen

Wenn wir Menschen beispielsweise nicht mehr lernen, wie wir uns verhalten sollten und wann etwas richtig oder falsch ist, dann würde ziemlich schnell das Chaos ausbrechen. Nur ein Beispiel wären jetzt die Menschen im Berufsleben, die keinerlei Respekt und Rücksichtnahme für andere Menschen mehr gelernt haben. In einem solchen Fall wäre die Zusammenarbeit bestenfalls richtig schwierig oder fast unmöglich, da keine Teams mehr gebildet werden, keine Abstimmung mehr erfolgt und alle wohl neidisch auf die Erfolge der anderen blicken würden. Doch nicht nur im Berufsleben ist es wichtig, einige grundlegende Werte und ein ethisches Verhalten zu beherrschen und im Alltag zu leben. Anders gesagt wäre es ohne das richtige Handeln schwierig, ein friedliches Miteinander voller Respekt und Würde zu leben.

Damit kommen wir direkt zum nächsten Kapitel, zur Anwendung im Alltag mit einem Blick auf den Nutzen der philosophischen Theorien bis heute. Dieser Nutzen ist auf jeden Fall vorhanden und nicht zu unterschätzen, sodass sich ein genauer Blick auf einzelne Teilbereiche des Lebens lohnt. Praktische Beispiele unterstützen dabei, zu erkennen, wann bestimmte Fragestellungen vielleicht noch einmal überdacht werden sollten. Hier sind oft Konflikte, in Bezug auf das Recht des Lebens und auf Punkte wie Gleichheit und das Wegfallen von der sonst oft üblichen Ausbeutung, zu erkennen. Das macht es so schwierig, sich eine gerechte und ethisch korrekte Meinung zu bestimmten Themen zu bilden, da hier so viele Faktoren bei der Entscheidungsfindung mit hineinspielen. Tatsache ist, dass es bis heute einen Sinn der Philosophie in unserer modernen Zeit und in unserem Alltag gibt, der nicht unterschätzt werden sollte.

4 Anwendung im Alltag: So hilft Dir die Theorie bis heute

In den kommenden Kapiteln geht es weg von der Theorie und hin zur Praxis. Denn Philosophie lässt sich in vielen Bereichen im Alltag anwenden und stellt eine wichtige Unterstützung bei verschiedenen Entscheidungen dar. Du willst wissen, warum Du Dich in der heutigen Zeit noch immer mit Philosophie beschäftigen solltest und wie Dir die Theorie im Alltag helfen kann? Zunächst geht es um die Ethik mit ihren Fragen in Bezug auf das richtige Handeln und dann erfährst Du mehr über die Kultur-, Sozial- und die politische Philosophie. Denn diese hilft Dir ebenfalls im Alltag weiter, sodass sich hier ein hoher Lerneffekt ergibt. Das liegt nicht zuletzt mit daran, dass ein Verständnis der Theorie beim Blick auf die Praxis sowie die Möglichkeiten im Alltag immer helfen kann. Ohne das theoretische Wissen rund um die Philosophie, um die Kultur, die Werte oder die Gemeinschaft der Menschen ist es schwer, etwas zu verbessern. Für jede Verbesserung sollte ja erst einmal der aktuelle Zustand genau erfasst werden und es macht Sinn, Ziele zu setzen und diese an Theorien anzulehnen, die aus der Wissenschaft kommen. Genau das ist bei der praktischen Philosophie der Fall, die sich im Folgenden eng an Politik-, Sozial- und Kulturwissenschaften sowie an der Soziologie orientieren. Der Sinn von den Geisteswissenschaften wird schließlich auch nicht unbedingt angezweifelt, sodass die Philosophie schlicht zu diesen gezählt werden sollte und in vielen Bereichen dabei helfen kann, im Alltag etwas zu erreichen oder mehr zu verstehen.

Wer die Philosophie nur mit bekannten Größen aus der Antike verbindet und denkt, dass es in der heutigen Zeit eher keine Anwendung mehr für diese Lehren gibt, vergisst dabei wichtige Erkenntnisse, die sich daraus ergeben. Über diese hast Du in den vergangenen Kapiteln und in Bezug auf die Lehren der Philosophen schon mehr erfahren und wirst diese Erkenntnisse in den folgenden Kapiteln auf die Praxis beziehen können. Dafür findest Du in den kommenden Kapiteln direkt eine Vielzahl von Möglichkeiten rund um die praktische Anwendung, die ganz neue Optionen eröffnen und dafür sorgen, dass die Philosophie mal in einem anderen Licht gesehen wird. Um eine verstaubte Lehre mit unverständlichen Texten aus der Vergangenheit handelt es sich in jedem Fall nur im ersten Moment. Auf dem zweiten Blick und bei näherer Betrachtung sieht es dann doch ein wenig anders aus.

Ethische Fragen:

Warum die Ethik bis heute eine große Rolle spielt

Ein ganz wichtiges und für die praktische Philosophie zentrales Thema ist die Ethik. Die Ansichten der einzelnen Philosophen zur Ethik wurden bereits in den vorherigen Kapiteln für ein besseres Verständnis genauer dargestellt. Hierbei handelt es sich um einen Teilbereich der Philosophie, der sich mit Voraussetzungen genau wie mit der Bewertung des menschlichen Handelns beschäftigt. Die Moral steht wiederum im Zentrum der Ethik und da ohne Moral viele Dinge im Leben nicht wirklich funktionieren würden, gehört die Ethik in jedem Alter und in allen Lebensbereichen dazu. Denkst Du bei der Moral eher an die früheren Zeiten, in denen ein ganz strenger Ehrenkodex vorhanden war und Sitte und Moral ganz strikt geregelt waren?

Dabei ist das eine einseitige Ansicht von allem und nicht so wirklich zeitgemäß – denn Moral und Sitte gehören zum Menschen und zum Zusammenleben in einer Gemeinschaft einfach dazu.

Eine andere Definition wäre das sittliche Verhalten der Menschen, also die Sittenlehre. Das zeigt auch, dass Sitten und Moral hier eine entscheidende Rolle spielen. Hier fragt man sich, ob das eigene Verhalten moralisch richtig ist. Nicht zuletzt spielt die Ethik eine große Rolle beim Umgang mit der Natur, mit der Umwelt sowie beim Verhalten in Bezug auf alle Menschen und Tiere. Im Laufe der Zeit haben sich die Ansichten rund um die Moral ganz klar weiterentwickelt und es steht fest, dass heute andere Themen diskutiert werden, als es noch vor einigen Jahrzehnten der Fall war. Sicherlich sind die folgenden 10 Beispiele auch nur einige von vielen Themen, die im Moment in diesem Bereich eine Rolle spielen. Doch hier ist es schon leichter, zu sehen, dass Ethik alles andere als veraltet ist und sicherlich auch in Zukunft weiterhin für zahlreiche Diskussionen sorgen wird. Denn immer dann, wenn die Ansichten von Sitten oder von der Moral mit ins Spiel kommen, wollen die Menschen nicht nur ihre Ansichten vertreten, sondern fühlen sich auch schnell angegriffen.

Kommen wir zu einigen praktischen Beispielen, die einen Blick auf die Bedeutung der Ethik in der heutigen Zeit besser darstellen:

Fleisch
ja oder nein?

Es handelt sich hierbei sicherlich nicht um die Frage, die am bedeutsamsten ist. Doch diskutiert wird dieses Thema extrem stark, aus ethischen Gründen, aus Gründen für die Umwelt, für die Gesundheit und vielleicht auch zu einem guten Prozentsatz aus dem reinen Trend heraus. Ist es heute noch richtig und vertretbar, Fleisch und Fisch zu essen? Hört es dabei auf oder sollten sämtliche tierische Produkte kritischer betrachtet werden? Ist es tatsächlich noch vertretbar, Fleisch zu essen, welches von Tieren stammt, die in elendigen Massentierhaltungen gelebt haben? Was nehmen wir durch die Panik und Todesangst der Tiere am Ende wirklich in uns auf?

Die Frage, ob es noch vertretbar ist, Tiere zu essen oder doch nicht mehr, löst hitzige Diskussionen aus und führt teilweise zu richtiger Empörung auf allen Seiten. Fest steht, dass es immer mehr Menschen gibt, die ganz auf tierische Produkte verzichten und hier sicherlich nicht nur ein reiner Trend dahintersteckt. Lass uns einen kurzen Blick auf die aktuellen Zahlen werfen, die zeigen, dass es sich um ein Thema handelt, welches über kurz oder lang immer wichtiger im Alltag werden wird.

Aktuelle Studien mit Zahlen aus dem Jahr 2019 zeigen, dass in Deutschland rund 9,3 Millionen Menschen auf den Verzehr von Fleisch verzichten. Davon sind 8 Millionen Vegetarier und rund 1,3 Millionen Menschen Veganer, die ganz auf tierische Produkte verzichten. Die Tendenz ist steigend und Schätzungen zufolge leben weltweit bereits rund 1 Milliarde Menschen vegetarisch oder vegan. Die Gründe für diese Zunahme sind vielseitig und reichen vom Tierschutz bis hin zur Gesundheit. Immer öfter wird auch angegeben, dass der Verzehr von Fleisch oder Fisch schlecht für das Weltklima ist, den weltweiten Hunger fördert und es schlicht nicht mehr ethisch korrekt ist, Lebewesen zu verzehren.

An dieser Stelle soll definitiv kein Appell für ein fleischloses Leben vorgenommen werden. Es geht nur darum, zu zeigen, wie genau die Entwicklung aussieht und aus welchen Gründen der vegetarische und vegane Lebensstil sich immer weite verbreitet. Ganz klar ist zu erkennen, dass typische Vegetarier und Veganer weiblich und noch recht jung sind. Natürlich gibt es auch viele Männer, die so Leben. Hier kommt noch der interessante Faktor dazu, dass zumindest in der deutschen Kultur (und in vielen weiteren Ländern!) der Verzehr von Fleisch als männlich gilt. Männer müssen daher bei einem Verzicht mit viel mehr Spott und mit einer stärkeren negativen Rückmeldung rechnen, als es bei Frauen der Fall ist. Hier wird sich noch zeigen, wie die ethischen Diskussionen und die Entwicklung weitergehen und wie sich das auf das Bild der Männer auswirkt, die irgendwie dadurch geprägt werden, dass sie männlich Fleisch essen und Bier trinken. Ein Klischee, welches tatsächlich oft im Alltag zu finden ist.

Mit einer kleinen Geschichte soll hier dargestellt werden, wie unterschiedlich die Diskussion verlaufen kann und welche Faktoren eine Rolle spielen, um sich für oder gegen den Konsum von Fleisch und Fisch zu entscheiden:

Maria kommt ursprünglich aus Portugal und ist mit 15 nach Deutschland gekommen. Die Sprache, die Kultur und viele weitere Dinge im neuen Land hat sie schnell angenommen und lebt heute mit 25 zufrieden ihr Leben in Berlin. Doch in ihrem Freundeskreis sind fast alle Frauen entweder Vegetarierinnen und es gibt auch einige, die ganz pflanzlich Leben. Das fleischlose Essen schmeckt Maria schon und da sie in einer WG lebt, kann sie sich ernähren, wie sie will. Aber jeden Sommer geht es für die Semesterferien für mindestens 4, manchmal auch 6 Wochen nach Portugal, genauer gesagt in ein kleines Dorf in der Nähe von Lissabon.

Maria isst mittlerweile kein Fleisch mehr, verzichtet fast völlig auf Fisch und verträgt seit Neuestem keine Milchprodukte mehr. Zwar lebt sie damit nicht vegan, geht aber in diese Richtung vor. Zu Besuch bei den Großeltern und ihren beiden Tanten gibt es regelmäßig ein kleines Drama, wenn es um das Essen geht. Kein Wunder, dass die Großeltern sie nicht verstehen – sie sind anderes gewohnt und hatten nie besonders viel. Gutes Fleisch und natürlich Fisch gehören zum Alltag und gerade Fisch ist durch die Nähe zur Küste günstig und lecker. So manche der neuartigen Lebensmittel wie vielleicht Mandelmilch, die jetzt irgendwie mit dazugehören, sind sehr teuer und in den normalen, günstigen Restaurants gibt es keinerlei vegetarisches Essen. Von vegan einmal ganz abgesehen. Das bedeutet, dass es in Portugal einen kulturellen Konflikt mit der fleischlosen Ernährung gibt – und hier noch ökonomische Aspekte dazukommen. Das ist sicher nicht nur in Portugal, sondern in vielen Ländern weltweit der Fall.

Bei diesem Beispiel zeigt sich auch, dass Dinge, die in Ländern wie vielleicht in Deutschland normal sind und dazugehören, in vielen anderen Ländern noch nicht ganz so üblich sind. Nicht zu vergessen ist: Hier fallen auch die aktuelle Versorgung und die Lebensbedingungen vor Ort ebenfalls oft anders aus und sorgen dafür, dass noch immer alles ohne Ausnahme gegessen wird, was auf den Teller kommt. Hier sind daher immer alle Aspekte zu betrachten

und nicht zuletzt auch das Verhältnis zu Tieren, welches in
der jeweiligen Region und im eigenen Leben dazugehört.
Das macht es dann direkt ein wenig schwerer, zu urteilen
und andere Menschen besser zu verstehen, da die Kultur
einen sehr großen Anteil an der gesamten Entwicklung sowie an der Meinung an sich hat.

Arbeitsbedin-
gungen
ethische Produkte und
faire Bedingungen

Soziale Netzwerke zeigen schnell, was wichtig ist und worauf es immer mehr an-kommt. Einige Beispiele sind die zunehmende Beliebtheit von Begriffen wie „Fair Trade" oder „ethische Mode bzw. Ethik Fashion", die auf vielen Plattformen immer stärker vertreten sind. Über einen langen Zeitraum hinweg war wohl gerade im deutschsprachigen Bereich festzustellen, dass alles vor allem billig sein musste. Viel für wenig Geld zu be-kommen und immer noch günstigere Angebote zu erhalten, gehörte irgendwie mit dazu und hat natürlich auch stark das Angebot geprägt. Daher ist es umso interessanter, dass es mittlerweile noch andere Trends gibt, die sich ein wenig von den Billigprodukten wegbewegen und vor allem auf Qualität sowie auf die Bedingungen bei der Herstellung setzen.

Natürlich ist das nicht für die gesamte Bevölkerung interessant, da die höheren Kosten für anders produzierte Produkte nicht immer getragen werden können oder wollen. Doch die Nachfrage nimmt zu – und zwar nicht nur in der Bevölkerungsschicht, die als Oberschicht bezeichnet werden kann.

Direkt zwei kleine Beispiele sollen hier ein wenig zum Nachdenken anregen und dazu, mehr zu überprüfen, wo die Produkte, die einfach gekauft werden, wirklich herkommen. Die eine Geschichte bezieht sich auf die Produktion der so beliebten Feuerwerkskörper für Sylvester oder für andere Events und die andere dreht sich um den Kaffeekonsum, da ein Leben ohne Kaffee schließlich für viele Menschen ganz undenkbar wäre. Hier handelt es sich vielleicht um zwei von vielen Produkten, die oft einfach gekauft werden – ohne, dass dabei von vielen Menschen ernsthaft darüber nachgedacht wird, wie es überhaupt mit den Produktionsbedingungen aussieht.

Kaffee – ein Leben ohne die schwarzen Bohnen ist kaum denkbar. Als Anbaugebiete sind hier ganz klar Entwicklungsländer zu nennen. Bekannt und beliebt ist der Kaffee aus Regionen in Afrika, aus Kolumbien, Guatemala, Honduras, Uganda, Indonesien, Indien und Papua-Neuguinea. Wenn einmal überlegt wird, dann ist vor allem Kaffee aus Afrika und Lateinamerika in Regionen wie in Deutschland bekannt. Doch hast Du Dir schon einmal Gedanken über das Leben der Kaffeebauern gemacht? An dieser Stelle fließen übrigens persönliche Erfahrungen in die Geschichte mit ein, deshalb wird das Leben der Kaffeebauern in Mittelamerika, genauer gesagt in Guatemala, ein wenig näher dargestellt. In Guatemala wird Kaffee im Hochland auf Höhen von rund 1.500 Metern angebaut, da in dieser Zone die Bedingungen besonders gut sind. Der Kaffeepreis ist auf dem Weltmarkt gering und vor allem das Pflücken der Kaffeebohnen ist Knochenarbeit. Kaum vorhandene Geräte oder Hilfsmittel, die starke Sonne der Tropen, die leicht gebeugte Haltung und der zeitliche Aufwand, der für die Kaffee-Ernte nötig ist, zeichnen dieses Geschäft aus. In der Erntezeit müssen alle Familienmitglieder mit anpacken und helfen. Das bedeutet dann sehr oft, dass die Kinder bei der Ernte sind und nicht in der Schule, wo sie, unserem westlichen Verständnis zufolge, hingehören würden.

Oft sind die Grundstücke nicht das Eigentum der Kaffeebauern. Oder sie sind ihr Eigentum, doch für die Saat, für die Arbeit und für alle erforderlichen Hilfsmittel müssen Kredite aufgenommen werden. Wusstest Du, dass in Ländern wie in Guatemala der Zinssatz bei einem Kredit bei der Bank 10 bis 15 Prozent beträgt? Monatlich – nicht jährlich! Wenn also einmal ein Kredit aufgenommen werden muss, dann zahlen die meisten Bauern irgendwann fast nur noch die Zinsen und nicht mehr den Kredit an sich ab. Selbst wenn ein solcher Kredit vielleicht doch nicht gebraucht wird, sind die Lebensbedingungen der Kaffeebauern von großer Armut geprägt. Genau wie das Leben von allen anderen Arbeitern auf den Farmen übrigens. In Guatemala gibt es bis heute eine Analphabetenrate von rund 13 Prozent, wobei die Zahlen in ländlichen Regionen deutlich höher sind als in den Städten.

Aber an dieser Stelle soll es gar nicht um die grundsätzlichen Lebensbedingungen, um Armut oder um das harte Leben der Bauern geben. Vielmehr steht fest, dass durch die geringen Preise für Kaffee und die schlechten Arbeitsbedingungen der Menschen kein gutes Leben möglich ist. Durch faire Bedingungen, angehobene Preise und generell durch die „fair trade" Zertifizierung, wären die Bedingungen vor Ort besser. Kaffee ist ein Luxusprodukt, welches aber in der Regel noch recht wenig kostet. Wenn bekannt ist, unter welchen Bedingungen dieser hergestellt wird und wie die Bauern vor Ort leben, wäre es dann leichter, in faire Optionen und einen besseren Anbau zu investieren? Ist es ethisch vertretbar, dass in Entwicklungsländern die Menschen unter solchen Bedingungen die Dinge produzieren, die wir Zuhause für wenig Geld kaufen? Oder wäre es nicht besser, sich hier ein wenig zurückzuhalten, weniger und dafür besser zu konsumieren? Nicht umsonst nimmt das Interesse an fairem Kaffee genau wie an Tee, Kakao und Schokolade zu. Einfach, weil die Bedingungen für den Anbau hart und nicht mehr so ganz ethisch vertretbar sind.

Kommen wir zu den Feuerwerkskörpern. Raketen, Böller und bunte Kreisel sind weiterhin bei verschiedenen Events genau wie zum Jahreswechsel sehr beliebt und werden immer noch fleißig gekauft. Hier gibt es tatsächlich keine wirklich vertretbare Alternative. Denn bei der Arbeit an Feuerwerkskörpern und bei der Herstellung gibt es Jahr für Jahr (tödliche) Unfälle bei den Arbeitern. Das Feuerwerk verschreckt Tiere, produziert viel Müll und ist insgesamt schlecht für die Umwelt, da hier die Feinstaubbelastung stark ansteigt. Jetzt stellt sich die Frage: Muss das sein oder geht es vielleicht auch ohne Feuerwerk? Kann es mit dem eigenen Gewissen vereinbart werden, dass Menschen immer wieder bei der Produktion schwer verletzt und für das Leben gezeichnet werden oder sogar sterben.

Oder wäre es hier vielleicht besser zu sagen, in Zukunft reichen Sekt und Bowle zum Jahreswechsel aus, damit die schlechten Produktionsbedingungen nicht immer weiter unterstützt werden?

Es gäbe unzählige weitere Beispiele, wenn es um die Arbeitsbedingungen geht, unter denen oft Produkte hergestellt werden, die wir im Alltag konsumieren. Doch auch dann, wenn vielleicht eine eigene Firma vorhanden ist, sollten solche Punkte einkalkuliert werden, damit die Bedingungen mit der Zeit immer besser werden. Das trägt ohne Frage zu einer besseren Welt und zu mehr Zufriedenheit bei, wenn die Menschen weniger ausgebeutet werden und der Lebensstandard ansteigt. Jeder Einzelne kann hier Entscheidungen treffen und zum Beispiel ganz bewusst bei bestimmten Produkten zu fair gehandelten und produzierten Optionen greifen. Oder ganz verzichten, da auf diese Weise natürlich auch ein Statement gesetzt wird. Wichtig ist es sicherlich im Rahmen einer besseren Welt und zur Einhaltung der ethischen Grundwerte, wenn mehr über die Käufe sowie über den Konsum im Allgemeinen nachgedacht wird.

Der Umgang mit der Umwelt

Nachhaltigkeit als Unterform der Ethik

In der Philosophie geht es nicht umsonst auch um die Natur. Der Umgang mit der Natur, das eigene Leben und Faktoren wie der ökologische Fußabdruck, der große Auswirkungen auf unseren Planeten hat, sind daher durchaus ethische Themen. Hier stellt sich die Frage, was vertretbar ist und wie sehr wir als Menschen in den Planeten eingreifen sollten und diesen auch verschmutzen dürfen. Schließlich sind wir nicht die einzigen Lebewesen auf dieser Erde und so ist der Umgang mit der Umwelt gerade jetzt ein ganz aktuelles Thema, über das entsprechend immer mehr diskutiert wird. Ein wenig stellt sich hier ja schon die Frage, warum wir alles entscheiden dürfen und nie zur Verantwortung gezogen werden, wenn wir den ganzen Planeten zumüllen, die Meere verpesten und den Tieren ihren Lebensraum nehmen.

Natürlich werden wir nie zur Verantwortung gezogen, da die Menschheit ja nun einmal die einzige Spezies auf der Erde ist, die sich selbst verändern und über ihr Handeln nachdenken kann. In Form von Naturkatastrophen fällt schnell auf, dass doch nicht alles ungestraft bleibt und es vielleicht doch die eine oder andere Konsequenz gibt. Viel verändert sich dadurch aber nicht, um es einmal klar zu sagen. Dadurch leiden nicht nur Natur und Tiere, sondern am Ende auch die Menschen an sich, die sich ihren eigenen Lebensraum ruinieren. Oder zumindest geben viele Menschen ihr bestes, aus der Erde einen unbewohnbaren und vermüllten Planeten zu machen.

Wie wäre es mit einer kleinen Geschichte, die eventuell ein wenig dabei hilft, den eigenen Blickwinkel noch einmal zu überdenken? Stelle Dir einmal vor, es gäbe auf der Erde noch mehr Parteien, die über die Welt und den Umgang mit der Umwelt entscheiden könnten. Sagen wir einmal, die Eisbären hätten mehr zu sagen und müssten sich nicht in immer kleinere Gebiete zurückziehen, ohne etwas zu unternehmen. Stelle Dir einmal vor, Du gehörst zu den Eisbären und siehst, wie die Menschen den Lebensraum von Dir und Deiner ganzen Familie gefährden würden. Wie würdest Du Dich fühlen und welche Maßnahmen wären möglich? Würdest Du mit gutem Beispiel vorangehen und selbst versuchen, besser und umweltbewusster zu leben und die Menschen dadurch zu animieren?

Natürlich klingt es im ersten Moment vielleicht verrückt, den Blickwinkel von Tieren wie von Eisbären einzunehmen und zu überlegen, was gegen eine andere Rasse unternommen werden kann. Doch ist es noch vertretbar, weiterhin so zu leben, wie wir es jetzt gerade tun? Hast Du schon einmal mit eigenen Augen gesehen, was zum Beispiel der Plastikmüll mit der Erde macht und warum es höchste Zeit ist, hier etwas zu unternehmen? Da der Müll meist weggebracht wird und nicht vor der eigenen Haustür herumliegt, sind es tatsächlich die tropischen Urlaubsparadiese, in denen die Auswirkungen besonders deutlich sichtbar sind. Wer schon einmal inmitten von Plastikflaschen schwimmen musste oder an eigentlich schönen Stränden zuerst den Müll beiseiteschieben musste, um sich überhaupt hinlegen zu können, beginnt vielleicht umzudenken.

Solche Überlegungen gab es früher nicht, zumindest nicht, als die ersten Lehren rund um die Philosophie, Ethik und das Verhalten der Menschen entwickelt wurden. Widerspricht es nicht der Vernunft, sich den eigenen Lebensraum zugrunde zu richten? Die Frage ist hier auch, wie gehandelt werden sollte und welche Möglichkeiten es für eine Veränderung gibt. Daher gehört das eigene Handeln in Bezug auf die Umwelt ganz klar auch mit zum Thema der Ethik und damit auch mit in dieses Buch, da es sich ja auf jeden Fall um kritische Überlegungen handelt. Gerade weil zur Zeit der bekannten Philosophen dieses Thema noch keine Rolle gespielt hat, ist es hier wichtig, die eigene Lebensweise genauer zu überdenken. Schließlich sind wir Menschen vielleicht die einzigen Lebewesen auf der Erde, die tatsächlich vernünftig denken können und in der Lage sind, etwas zu verändern. Dadurch haben wir auch eine Verantwortung, die leider sehr oft noch weggeschoben wird, was aber nicht so sein sollte.

Ethische Werte
im Beruf

Interessant ist sicher auch, wie sich die Werte im Beruf und die Zusammenarbeit entwickelt haben. Früher durfte überall der Arbeiter froh sein, einen Job zu haben und ein wenig Geld dabei zu verdienen. Die Bedingungen waren meist sehr schlecht, teilweise gesundheitsgefährdend und das lange Arbeiten bei wenig Freizeit gehörten ebenfalls dazu. Mal ehrlich, wer würde heute in Europa oder in anderen Ländern der westlichen Welt noch zu den Bedingungen arbeiten, die vor vielleicht 80 oder 100 Jahren einfach dazugehörten? Die Ansprüche der Arbeitnehmer sind heute höher und auch die Unternehmer haben andere ethische Werte im Beruf, die umgesetzt werden wollen. Schon längst sind es in Deutschland nicht mehr steile Karrieren, umfangreiche Gehälter oder der reine Status, die bei einer Arbeit attraktiv sind. Die Kriterien, die für die Auswahl von einem Job eine Rolle spielen, haben sich stark verändert.

Ausnahmen bestätigen die Regel und sorgen dafür, dass die Entwicklung sicherlich nicht überall mit den gleichen Augen zu betrachten ist. Doch die Behandlung der Arbeitnehmer, ethische Werte, das Arbeitsklima und so viele weitere Aspekte spielen heute eine Rolle, wenn es um die Entscheidung für oder gegen Arbeitgeber geht. In anderen Ländern kann hier beim besten Willen noch nicht von menschenwürdigen Standards die Rede sein, die wir aus dem Alltag kennen. Dabei werden die Werte im Beruf immer mehr diskutiert und spielen ohne Frage eine große Rolle, damit ein Arbeitgeber überhaupt auf dem Markt bestehen bleiben kann.

Die Frage ist, welche Werte befolgt werden sollten und ab wann es sehr fragwürdig ist, bestimmte Produkte überhaupt noch zu verwenden oder unter den vorhandenen Bedingungen weiterhin zu arbeiten. Diese Diskussion gab es so sicherlich früher nicht, da den meisten Menschen völlig egal war, unter welchen Bedingungen bestimmte Produkte hergestellt werden. Doch auch hier wachen die Menschen auf und so besteht die Frage, ab wann sich an anderen Stellen etwas ändern wird und wann die Ethik auch im Beruf eine zunehmende Rolle spielen wird. Im Moment ist dieser Punkt gerade weltweit gesehen wohl noch ausbaufähig.

Interessant ist hier sicherlich auch, dass es manche Berufe gibt, die aufgrund der Arbeitszeiten oder der Bedingungen, unter denen die Arbeit erfolgt, sehr negativ besetzt sind. Das bedeutet zum Beispiel, dass es in handwerklichen Berufen, wie zum Beispiel in Bäckereien immer schwerer für Inhaber wird, geeignetes Personal zu finden und den eigenen Bedarf zu decken. An dieser Stelle ist nicht unbedingt ein Beispiel zur Verdeutlichung der aktuellen Umstände erforderlich, da es sicherlich schnell einleuchtet, dass es Berufe gibt, in denen heute in den Industrieländern immer weniger Menschen arbeiten wollen. Es wird wichtiger, die Menschen beim Arbeiten fairer zu behandeln.

Außerdem spielt es eine immer größere Rolle, dass die Menschen in ihrem Beruf zufrieden sind und nicht ausgebeutet werden – Unternehmen, die solche Werte nicht leben, bekommen ganz schnell Probleme und werden immer unbeliebter für Arbeitnehmer. Doch was passiert, wenn sich weltweit alle Menschen so verhalten und niemand mehr die weniger angenehmen Arbeiten ausführen will? Wo beginnt die Grenze zwischen einem menschenwürdigen und ethisch vertretbaren Leben und zwischen dem Überleben aller anderen? Denn wenn zum Beispiel niemand mehr auf Farmen arbeiten und dabei Obst und Gemüse anbauen will, wovon leben wir dann alle?

Ohne Frage ist es hier wirklich sehr schwer, gute Grenzen zu ziehen und zu überlegen, bis zu welchem Punkt eine solche Entwicklung möglich ist. Bessere Arbeitsbedingungen wären aber ohne Frage weltweit etwas, was definitiv von der Ethik her wünschenswert und was auch umsetzbar wäre. Darüber hinaus ist noch zu bedenken, dass nicht alle Arbeiten industriell ausgeführt werden können und sollen. Ausbeutung, ein negatives Arbeitsklima oder nicht menschenwürdige Bedingungen beim Arbeiten sind Dinge, die weltweit weiterhin vorherrschen. Hier kann aber jeder Arbeitgeber und jeder Firmeninhaber eigene Standards setzen und die allgemeinen Bedingungen deutlich verbessern. Kleine Schritte führen schließlich auch in die richtige Richtung.

Genmanipulation und Eingriffe

in die Natur

Über einen gewissen Zeitraum hinweg war es rund um das Thema Genmanipulation, und was hier korrekt ist und was nicht mehr gewünscht wird, ziemlich ruhig. Vorher wurde umfassend diskutiert, ob Obst und Gemüse genmanipuliert werden darf und in welchem Rahmen das möglich ist. Jetzt flammen solche Themen aber wieder auf, die sich schon längst nicht mehr um genmanipulierten Mais oder um geklonte Schafe drehen. Wobei das Klonen weiterhin extrem umstritten ist und für viele Menschen wohl weiterhin eher in Richtung von einem Horrorfilm oder von Science-Fiction geht, die mit der aktuellen Realität nur sehr wenig zu tun hat. Dabei ist das Klonen schon gar nicht mehr so selten.

Jetzt kommt es aber eher dazu, dass zum Beispiel in Tieren menschliche Organe nachgezüchtet werden. Passend dazu gehört die Diskussion rund um Organspenden aus dem nächsten Beispiel zu den ganz aktuellen und brisanten Fragen, die bei Weitem noch nicht abschließend geklärt werden konnten. Die extremen Eingriffe in die Natur, wenn es um das Klonen, um Genmanipulation oder um das Züchten von menschlichen Organen in Tieren geht, sind kaum noch aufzuhalten und werden sich wohl noch weiterverbreiten. Die Frage ist hier eher, bis zu welchem Punkt diese Forschungen und Entwicklungen noch vertretbar sind und sich in einem ethisch korrekten Rahmen bewegen – und ab wann genau das eben nicht mehr der Fall ist.

Wie siehst Du diese Themen? Ist es in Ordnung, wenn der Fortschritt hier immer weiter betrieben wird und alles unternommen wird, um beispielsweise die Menschen zu retten oder um Nahrung anzubauen, die unempfindlicher gegenüber dem immer stärker wandelnden Klima ist? Diese Überlegungen sind alles andere als einfach, da hier oft noch religiöse Grundüberzeugungen mit hineinspielen und es nicht leichtfällt, wirklich beide Seiten der Medaille zu betrachten.

Stelle Dir einmal vor, dass tatsächlich menschliche Organe in Tieren nachgezüchtet werden können. Vielleicht ist jemand von einer Krankheit betroffen und braucht ganz dringend eine Leber oder eine Niere, um weiterhin Leben zu können oder vielleicht sogar, um zu überleben. Menschen mit Spenderorganen stehen aktuell vielleicht nicht zur Verfügung. Doch in Tieren wurden die Organe gezüchtet und können das Leben retten. Ist das ethisch vertretbar oder geht es so sehr gegen die Natur, dass es sich um einen ganz falschen Weg handelt? Wer hat hier die Macht, eine solche weitreichende Entscheidung zu treffen? Ist es vielleicht kaum etwas anderes, als das Fleisch der Tiere zu essen, oder geht es hier schon viel weiter, da es sich um einen starken Eingriff in die Natur handelt?

Einfach sind solche Fragen nicht und da sich die Philosophie schließlich auch mit der Natur beschäftigt und mit dem, was ist oder wie wir handeln sollten, sind diese Überlegungen an dieser Stelle sicher genau richtig. Oft wird der Philosophie vorgeworfen, dass sie sich gegen den Fortschritt stellt, da dieser vielleicht nicht immer natürlich ist. Ohne die Überlegungen würden aber Klone, das Nachzüchten von Tieren oder vielleicht sogar von Menschen eher normal sein. Daher macht es immer Sinn, frühzeitig auf Veränderungen zu achten und so manchen großen Fortschritt vielleicht doch etwas kritischer zu hinterfragen. Schaden wird es ganz sicher nicht.

Organspenden

verpflichtend oder nicht?

Gerade das Thema der Organspenden ist seit einiger Zeit besonders stark in den Medien vertreten und löst oftmals richtige Beklemmung aus. Hier gibt es die Überlegung, ob es zur Pflicht werden soll, über einen Organspendeausweis zu verfügen, und dass im Fall der Fälle dann die Organe gespendet werden sollen. Auf der einen Seite ist der Gedanke völlig verständlich, da immer Mangel herrscht und Menschen, die sonst eine Chance auf ein langes Leben in Gesundheit hätten, so oft tatsächlich sterben müssen.

Die Menschen, die Organe spenden, sind aber dann Hirntod und benötigen diese nicht mehr. Denn nur wenn die Menschen Hirntod sind, können die Organe gespendet werden. Dadurch ist die Anzahl der möglichen Spenden ohnehin schon nicht besonders hoch. Auf der anderen Seite spielt hier die Überlegung mit hinein, dass durch die Verpflichtung den Menschen abgesprochen wird, dass ihr Körper ihnen selbst gehört und sie selbst darüber entscheiden können. Die Angehörigen kommen ebenfalls mit hinzu und sollten bei diesen Überlegungen nicht ganz ausgegrenzt werden. Keine einfache Überlegung, was hier ethisch korrekt ist und ab wann es zu weit geht, oder? Wie stehst Du persönlich zum Thema Organspende? Hast Du vielleicht sogar einen Ausweis oder lehnst es vollkommen ab? Oder ist das Thema bisher noch nicht so wichtig gewesen? Hier handelt es sich tatsächlich um ein sehr gutes Beispiel, wie unwichtig ein Thema manchmal erscheint, wenn man persönlich davon noch gar nicht betroffen ist. Bei einem genaueren Blick oder bei betroffenen Freunden oder Familienmitgliedern sieht es dann aber ziemlich schnell anders aus.

Oft überdenkt man an einem Beispiel ein wenig die Möglichkeiten und die eigene Entscheidung, die vielleicht noch gar nicht klar vorhanden ist:

Stelle Dir einmal als Beispiel ein Mädchen vor, welches mit gerade einmal 20 Jahren tragischerweise eine schwere Lungenkrankheit erhält. Nach der Diagnose ist relativ schnell klar, dass es ohne eine Organspende, also eine Spenderlunge, nicht lange gehen wird, da die Krankheit mit Medikamenten nicht entsprechend eingedämmt werden kann. Leider gibt es nur wenige Spenderlungen, da die Zahl der Menschen, die Organe spenden könnten, auch immer weiter zurückgeht. Eine junge Frau wird dann in ein Krankenhaus eingeliefert und ist den Aussagen der Ärzte zufolge Hirntod nach einem Unfall. Leider gibt es keinen

Organspendeausweis und keine Einwilligung in eine Transplantation. Am Ende der Geschichte sterben beide Frauen: Die eine nach dem Unfall und die andere, weil es ohne eine neue Lunge nicht mehr ging.

Die Geschichte klingt extrem? Leider handelt es sich hier um eine fast schon normale Geschichte, die so nicht nur einmal passiert ist. Jeder Mensch sollte so leben können, wie er möchte, und hat natürlich ein Recht darauf, über seinen eigenen Körper zu bestimmen. Andere Menschen haben darunter aber eventuell zu leiden, was auch nicht ganz außer Acht gelassen werden sollte. Zumindest regt diese kleine Geschichte vielleicht dazu an, auch einmal mehr über das Thema Organspende und den entsprechenden Ausweis nachzudenken. Mit einer solchen Entscheidung lassen sich tatsächlich Leben retten, was sicherlich nicht zu unterschätzen ist.

Marketing und
Verbraucherschutz

Ein weiteres interessantes Thema ist auch das heute allgegenwärtige Marketing. Direkt damit zusammen hängt der Verbraucherschutz, der nicht zu unterschätzen ist und einen immer größeren Stellenwert bei erlaubten und nicht mehr erlaubten Methoden der Werbung einnimmt.

Das liegt nicht zuletzt daran, dass es durch die zunehmende Digitalisierung wirklich immer schwieriger wird, die Privatsphäre und die Daten von jedem einzelnen Nutzer zu schützen. Außerdem stellt sich hier auch die Frage, wie aggressiv Werbung noch sein darf und ab wann hier Grenzen gesetzt werden.

Nicht zu vergessen sind an dieser Stelle Überlegungen, die sich auf die Ethik beziehen. Inwieweit ist es ethisch vertretbar, sehr aggressives Marketing zu betreiben und den Schutz des Verbrauchers gar nicht in die eigenen Überlegungen einzubeziehen? Teilweise werden hier, wie es bei der einen oder anderen Kampagne deutlich auffällt, Grenzen deutlich überschritten, die vielleicht besser eingehalten werden sollten. Diese Grenzen beziehen sich nicht selten auf religiöse Bereiche sowie auf die Sicht von einzelnen Menschen, wobei auch die Kultur nicht außen vorgelassen werden sollte.

Auch ohne konkrete Beispiele fällt schnell auf, dass der Verbraucherschutz noch immer nicht ganz ernst genommen wird und das beim Marketing häufig Grenzen überschritten werden. Natürlich gibt es schon bestimmte Gesetze und Vorschriften, die hier für Regulierung sorgen und dabei helfen, die Grenzen nicht zu überschreiten. Hier kann aber jeder Einzelne mit darauf achten, dass sich Werbung in einem gewissen Rahmen bewegt und diesen nicht überschreitet. Da es zu Zeiten von Platon oder Aristoteles wohl eher keine aggressive Werbung gab und auch die Adressen der Menschen nicht unbedingt zu Marketingzwecken verwendet wurden, handelt es sich hier ganz klar um eine neue Entwicklung, die zu beachten ist.

Sind Dir vielleicht schon Werbemaßnahmen aufgefallen, die Deiner persönlichen Moral oder Deiner ethischen Vorstellung der Welt widersprochen haben? Oder gab es in Bezug auf den Verbraucherschutz vielleicht schon Fälle, bei denen Du findest, dass es über die Grenzen hinausging?

Migration und Aufnahme

von Flüchtlingen

Ohne das Thema der Migration und der Aufnahme von Flüchtlingen ist die Ethik heute auch nicht mehr zu betrachten. Durch Mauern sollen hier die Menschen davon abgehalten werden, in andere Länder zu gelangen, und hoffnungslos überfüllte Boote aus Afrika gelangen an die spanischen, italienischen oder griechischen Küsten. Der Weg zum neuen Leben ist in all diesen Fällen extrem beschwerlich, oft tödlich und stürzt die zurückgebliebenen Familien nicht selten in tiefe Schulden. In so manchem Land, welches von Krisen geschüttelt wird, werden die stärksten Mitglieder der Familie ausgesucht, die sich auf dem Weg nach Europa machen und dann den Rest der Familie nachholen sollen. An dieser Stelle ist es schwer, Entscheidungen zu treffen und diese dann entsprechend zu verteidigen. Auch hier geht es darum, was menschenwürdig ist, was wirtschaftlich und sozial möglich ist und ab wann es für das Zielland nicht mehr möglich ist, jemanden aufzunehmen.

Da das Thema Migration eine extreme Streitfrage ist und Familien wirklich entzweien kann, sollte hier noch gesagt werden, dass es von vielen Faktoren abhängt, wie jeder einzelne zu dem Thema steht. Natürlich nimmt jemand, der selbst aus einem Land mit großen Krisen, mit Krieg oder mit extrem schlechter wirtschaftlicher Aussicht kommt, das Thema ganz anders wahr, als jemand, der aus einem westlichen Land ohne weitere Krisen kommt. Doch auch in der westlichen Welt muss wie zum Beispiel in Deutschland nicht wenig dafür gearbeitet werden, dass der soziale Status erhalten bleiben kann und es ist sicherlich bis zu einem gewissen Grad verständlich, dass auch die Kultur und der aktuelle Stand bleiben sollen. Die Frage ist nur, ab wann nach neuen Lösungen gesucht werden muss und bis zu welchem Moment ein Engagement als einzige moralische Option gilt.

Auch hier kommt eine kleine Geschichte, die sicherlich zum Nachdenken anregt:
Honduras befindet sich in Mittelamerika und gehört zusammen mit Nicaragua und Haiti zu den ärmsten Ländern der westlichen Hemisphäre. Die Menschen vor Ort haben zwei Hauptprobleme: Die Aktivität durch die vorhandenen Jugendbanden, genannt Maras, die Erpressungen, Mord und Folter über die Menschen bringen, und die fehlenden wirtschaftlichen Möglichkeiten. Arbeit ist selbst in den

größeren Städten nur in geringen Maßen erhältlich und es ist ein bewiesener Fakt, dass gerade Kinder schon im frühen Alter von den Banden aufgesucht und dann ausgebildet werden. Können die angeforderten Summen, die erpresst werden, nicht an die Banden bezahlt werden, bleibt nur die Flucht. Oder es droht der Tod. Dazu kommt die Korruption vonseiten der Politiker und beim Militär genau wie bei der Polizei. Immer mehr Menschen machen sich nun illegal auf den Weg in Richtung USA. Der lange Weg führt durch Guatemala und Mexiko bis hin in die USA. Auf dem Weg kommen viele Migranten um, sei es durch Unfälle, Mord durch Bandenmitglieder, durch Hunger oder sie ertrinken in Flüssen wie in dem legendären Grenzfluss Rio Hondo. Am Ziel angekommen, ist es schwer, Arbeit zu finden, es droht jederzeit die Abschiebung und es ist alles andere als einfach, überhaupt über die Grenze zu kommen und im anderen Land zu bleiben.

Diese kleine Darstellung oder Geschichte soll vor allem zeigen, dass es immer zwei Seiten einer Medaille gibt. Das macht es unglaublich schwer, eine menschenwürdige Entscheidung zu treffen, die der eigenen Person oder dem eigenen Land aber auf Dauer auch nicht schadet. Es ist ziemlich einfach zu sagen, dass die Menschen sich selbst helfen müssen, wenn das Elend nie mit eigenen Augen gesehen wurde. Gemeint sind keine Medienberichte, sondern persönliche Erzählungen oder eben die eigenen Erlebnisse, die auf andere Weise prägen. Auf der anderen Seite können ja auch nicht wirklich alle Menschen das Land verlassen – das würde in einer überbevölkerten Welt mit sehr vielen Ländern in der gleichen oder in einer ähnlichen Situation wirklich schwerfallen.

Jetzt stellt sich die Frage: Was ist hier ethisch korrekt? Die Menschen passieren lassen und ihnen eine Chance geben? Oder sie zurückschicken in ihr eigenes Land? Eingreifen, um in Honduras für Ruhe zu sorgen, wie es in der Vergangenheit wohl einmal zu oft passiert ist? Oder Unterstützung bieten, damit es im Land an sich ruhiger und lebenswerter wird? Fest steht, dass es nicht immer einfach ist, Entscheidungen zu treffen und es gar nicht möglich ist, es allen recht zu machen. Vielleicht gehört das auch zum Thema der Philosophie dazu. Zu erkennen, dass es keine perfekte Entscheidung gibt und das immer und ohne Ausnahmen Konsequenzen erfolgen werden. Die persönliche Überlegung und das anschließende Handeln erfordern immer ein Abwägen über die richtigen und falschen Entscheidungen.

Künstliche Intelligenz und

die Digitalisierung

Im Zuge der Digitalisierung ist noch viel mehr zu beachten als nur der Datenschutz einzelner Personen, der schwierig ausfallen könnte. Durch die immer weiter entwickelten künstlichen Intelligenzen ist hier langsam auch zu überlegen, was diese können sollen und wie man es schafft, einer künstlichen Intelligenz entsprechende Werte einzuprogrammieren.

Denn moralisch korrektes Verhalten und einige Grenzen sind immer wichtig – doch wie ist das mit den künstlichen Intelligenzen sowie mit der starken Anonymität zu verbinden, die im Internet vorherrscht?

Es ist eine Tatsache, dass in der Zukunft künstliche Intelligenzen und Roboter über einen sehr viel höheren Stand als in diesem Moment verfügen werden. Das bedeutet aber auch, dass es hier um mehr als um reines, leicht programmierbares Wissen geht, welches nach klassischen Daten oder Fakten vorgeht. Allerdings geht es aktuell vor allem darum, den aktuellen Stand der künstlichen Intelligenzen in jeder Form immer fortgeschrittener zu machen und weniger darum, diesen dann auch noch moralische Werte einzuprogrammieren. Die Angst vor höher entwickelten Computerprogrammen und Robotern, die sogar die Menschheit übernehmen, ist groß und wird in zahlreichen entsprechenden Filmen und Büchern thematisiert. Im ersten Moment mögen solche Befürchtungen vielleicht ein wenig weithergeholt klingen, doch am Ende ist es vielleicht nicht so unrealistisch, wenn man sich einmal genauer den derzeitigen Stand der Technik ansieht. Da können bekannte Programme wie Alexa vielleicht doch irgendwann ein ähnliches Wissen wie ein Mensch aufweisen und ab dem Moment wird es dann wirklich interessant.

Die Frage oder Überlegung ist daher, ob schon jetzt Informatiker und Entwickler damit beginnen sollten, bestimmte moralische Fragen in die Roboter und Programme einzubauen. Diese Fragen sind auf vielen Ebenen möglich und sollten nicht in Bezug auf ihre Bedeutung unterschätzt werden. Stelle Dir nur einmal eine deutlich höher entwickelte künstliche Intelligenz vor, die einfach nur stumpf Befehle ausübt, mit großer Macht und ohne jegliches Empfinden in Bezug auf moralische Fragen. Die Überlegungen aus dem Bereich des Horrors und der Science-

Fiction über eine moralfreie künstliche Intelligenz ist gar nicht so abwegig.

Als Beispiel könntest Du Dir jetzt die Welt in vielleicht 20 Jahren vorstellen, in der eine künstliche Intelligenz mit dem Namen Melissa zum Standard geworden ist. Licht, Wasser, Temperaturen, Schlösser, Jalousien und Gartengeräte – Melissa steuert alles mit einer Art futuristischen App, die winzig klein ist, per Solarenergie läuft und mit Gesten sowie der Stimme gesteuert wird. Moralische Bedenken oder ethische Überlegungen gehören leider nicht in das hochintelligente und extrem fortschrittliche Programm. Eines Tages entdeckt ein Mann seine Frau im Bett mit dem besten Freund in einer eindeutigen Situation – das kann auch in der Zukunft kaum verhindert werden. Der Mann ist nicht nur eifersüchtig, er tobt vor Wut und will sich an den beiden rächen. Ganz leise schleicht er aus dem Haus, ohne dass die beiden ihn sehen, und gibt dann über seine App Melissa einen Befehl ...

Der Befehl lautet: Melissa, mir ist kalt. Bitte stelle die Heizung schön hoch ein und verschließe Türen und Fenster, damit die Wärme nicht nach draußen kommt. Melissa handelt nach diesem Befehl und die Ehefrau ist mit ihrem Liebhaber im Haus gefangen. Die App reagiert nicht mehr auf den gegensätzlichen Befehl und es wird immer heißer und heißer – ohne, dass eine Flucht aus dem Gebäude möglich ist. Irgendwann hat der Mann dann doch Mitleid und lässt die beiden gehen, die aber zuvor eine Panikattacke hatten, die nicht ganz ohne war.

Natürlich handelt es sich hier um kein so abschreckendes oder verrücktes Beispiel, wie es bei anderen der Themen aus diesem Buch der Fall ist. Undenkbar ist es aber nicht und in dem Moment, in dem eine künstliche Intelligenz, wie hier Melissa, so viel Macht, ohne die entsprechenden moralischen Bedenken erhält, kann auch viel passieren. So viel, dass die entsprechende Einstellung der künstlichen Intelligenz richtig Angst macht und vielleicht sogar vermieden wird. Das muss aber nicht sein, nur sollte jedem Roboter und jeder künstlichen Intelligenz erst einmal eingeimpft werden, was korrekt ist und was nicht. Das Verschließen von Türen und Fenstern ohne die Möglichkeit, hier einzugreifen, gehört dann sicher nicht zu den korrekten Optionen, um hier nur ein Beispiel zu nennen.

Die Vorstellung von künstlichen Intelligenzen und Robotern mit fortgeschrittener Entwicklung, jedoch völlig ohne menschliche Überlegungen oder ethische Grundsätze erschreckt sehr schnell und sorgt dafür, dass ein solcher Fortschritt vielleicht doch abgelehnt wird. Dabei wäre es nur wichtig, dass erweitertes Wissen, welches eher der Ethik zuzuordnen ist, ebenfalls mit einbezogen wird. Die Digitalisierung bietet damit viele Chancen und Optionen, jedoch auch Gefahren, die nicht ganz zu unterschätzen sind. Die ethischen Fragen, die sich durch die Überlegung ergeben, wann und wie das Internet richtig oder menschenwürdig genutzt wird, sind ebenfalls wichtig. Denn meist wird das Internet so genutzt, dass nur die Technik im Vordergrund steht. Dabei wird zum Teil vergessen, dass am anderen Ende der weiteren Bildschirme reale Personen vorhanden sind, die sich durch die Inhalte verletzt oder angegriffen fühlen könnten – oder diskriminiert, was ja ebenfalls häufig passiert.

Abtreibung
der aktuelle Stand

Zu den Themen, die im Moment sowie in den letzten Jahren weiterhin bedeutsam sind, gehört in jedem Fall auch die Abtreibung. Seit Jahren ist es genau dieses Thema, welches die Meinungen spaltet und dafür sorgt, dass erbitterte Diskussionen auftreten – nicht zuletzt auch innerhalb der eigenen Familie oder im Freundeskreis. Fest steht, dass eine Abtreibung in den meisten Ländern weltweit ganz klar verboten ist, auch wenn das in Deutschland und in einer Reihe weiterer Länder mittlerweile anders aussieht.

Allein bei einem Blick auf Europa fällt schon auf, dass es hier stark von der gelebten Religion sowie von der Kultur an sich abhängt, bis wann oder ob überhaupt eine Abtreibung erlaubt ist. Nur ein Beispiel sind Malta, Andorra und San Marino, wo sie absolut verboten ist und zu einer Freiheitsstrafe führen kann. In Nordirland und Liechtenstein ist der Eingriff nur erlaubt, wenn die Gesundheit von Mutter oder Kind nachweislich gefährdet sind. In Polen und Monaco kommt neben den gesundheitlichen Risiken noch die erlaubte Abtreibung nach einer Vergewaltigung mit dazu – das ist in Liechtenstein nicht möglich! Soziale und psychische Gründe, eine Vergewaltigung und die gesundheitlichen Gründe sorgen in Zypern, Finnland und Island dafür, dass die Abtreibung erlaubt ist.

In den meisten anderen europäischen Ländern ist der Eingriff im Rahmen einer bestimmten Frist möglich. In Deutschland beträgt diese Frist drei Monate. In vielen anderen Ländern außerhalb von Europa ist das Verbot größer, die Strafen sind härter und es ist schlicht undenkbar für Frauen, einen solchen Weg zu gehen.

Diese Informationen sollen nur sensibilisieren und zeigen, dass eine Abtreibung bei Weitem kein universelles Recht darstellt. Auch nicht bei einer Vergewaltigung, bei psychischen Gründen oder dann, wenn die Gesundheit von Mutter oder Kind tatsächlich gefährdet sind. Diese aktuelle

Lage zeigt auch, wie schwer es oft ist, die ethischen Überlegungen mit den Sitten im Land und mit dem Wert jeder einzelnen Person zusammenzubringen. Entscheidungsfreiheit ist daher sicherlich noch nicht so üblich, wie es sonst in Ländern wie in Deutschland der Fall ist.

Wie bei den vorherigen Themen gibt es auch hier kein richtig oder falsch. Bei diesem Thema gibt es Richtlinien, Vorstellungen, in welche Richtung die Entscheidung gehen soll. Wie siehst Du dieses brisante Thema? Abtreibung, ja oder nein? Oder nur unter bestimmten Voraussetzungen aber nicht immer? Menschenleben sollen geschützt werden, zumindest ist es aus der Sicht der Ethik und Moral sicherlich der Fall. Doch was passiert in einem Sonderfall, wie nach einer Vergewaltigung? Mit einer kleinen Geschichte ist es hier möglich, ein wenig darüber nachzudenken und den eigenen Standpunkt genauer festzulegen:

Katja lebt auf Malta, ist 20 Jahre alt und nimmt eigentlich die Pille. Leider hatte sie ein heftiges Magen-Darm-Virus und musste sich mehrfach übergeben. Sie hat keinen Freund, jedoch hatte sie eine kleine Affäre mit einem der Urlauber von einer Party – da hier viel Alkohol im Spiel war, haben beide das mit dem Kondom wohl nicht so ernst genommen. Das Ergebnis der Krankheit und der Partynacht ist eindeutig: Schwanger! Von dem Vater weiß sie nur, dass er aus England kommt, aus London, und Tom heißt. Nicht gerade viele Anhaltspunkte, um ihn zu finden oder um Hilfe zu bitten. Das Kind zu bekommen, kommt für sie gar nicht infrage. Sie lebt von einem geringen Gehalt und nur ihre Mutter ist auf der Insel, die aber auch so gut wie kein Geld hat. Eine Zukunft für das Kind wäre kaum vorhanden und die allgemeinen Probleme würden nicht lange auf sich warten lassen.

Katja entschließt sich schweren Herzens zu einer Abtreibung. Es geht ihr gar nicht nur um sich selbst, sondern nicht zuletzt auch um das Kind, dem sie weder Stabilität noch eine Zukunft noch einen Vater oder genug Liebe schenken könnte. Doch der Schock lässt hier nicht lange auf sich warten, denn auf Malta sind Abtreibung in jeder Form und zu allen Zeiten verboten. Ins Gefängnis möchte Katja deshalb natürlich nicht, zum Gang in ein liberales Land wie die Niederlande fehlt das Geld und das Kind behalten kommt auch gar nicht infrage. Offiziell gibt es gar keine Lösung, doch inoffiziell gibt es natürlich immer die gefürchteten Hinterzimmer, die von Frauen in einer ähnlichen Lage aufgesucht werden. Sie kratzt ihr letztes Geld zusammen und sucht einen Mann auf, der für die Durchführung von illegalen Abtreibungen bekannt ist. Der extrem schmerzhafte Eingriff ist zwar erfolgreich, doch Katja hat im Anschluss eine gefährliche Infektion mit hohem Fieber und starken Blutungen. Es bleibt nichts anderes übrig, als zu einem richtigen Arzt zu gehen und sich behandeln zu lassen. Der Arzt erkennt natürlich eine illegale Abtreibung und muss es den Behörden melden. Noch weiß sie nicht, wie es weitergeht und welche Folgen sie zu erwarten hat.

Es gäbe hier Tausend Beispiele für solche oder noch viel drastischere Geschichten, bei denen die Frau nach einer Vergewaltigung schwanger wird. Dann stellt sich immer die Frage, wer über das Leben und den Körper der Frau entscheiden darf. Ab wann ist es nicht mehr begründbar, eine Abtreibung zu verweigern? Und wann sollte das Kind um jeden Preis geschützt werden? Wie ist Deine Meinung dazu? Fest steht, dass die Diskussion um den Abbruch von einer Schwangerschaft ganz sicher noch über viele Jahre hinweg auf der ganzen Welt anhalten wird.

Hier sollte die Ethik auch beinhalten, dass immer alle Seiten zu sehen sind und der Blick nicht zu starr oder einseitig sein sollte. Da es in früheren Zeiten gar nicht unbedingt möglich war, eine Abtreibung halbwegs sicher durchzuführen, handelt es sich hier sicherlich um eine Situation, die früher in diesem Ausmaß nicht vorkam. Darüber hinaus war mit den früheren Methoden der Medizin schlicht nicht zu erkennen, ob die Gesundheit von Mutter oder Kind oder von beiden gefährdet war. Die hohe Sterblichkeit bei Geburten vonseiten der Mütter oder die Sterblichkeit der Säuglinge war früher immens hoch. Da die Voraussetzungen heute anders sind und ganz andere Möglichkeiten zum Schutz von Mutter oder vielleicht auch vom Kind vorhanden sind, sollte dieses brisante Thema entsprechend noch auf andere Weise beleuchtet werden, als es vielleicht bisher der Fall war.

Allein an diesen 10 genannten Beispielen lässt sich schon leicht erkennen, welche Bedeutung die Ethik bis heute in unserem Alltag hat. Diese Themen waren schon recht intensiv – schließlich ist es hier alles andere als leicht, immer eine gute Antwort zu finden. An dieser Stelle soll es noch um ein letztes Thema als praktisches Beispiel gehen, welches ebenfalls in Bezug auf die Ethik und das richtige Verhalten eine Rolle spielt. Gemeint ist das Verhalten bei einer Pandemie – denn dieses Buch wurde in den Zeiten geschrieben, in denen das Thema Coronavirus immer mehr um sich gegriffen hat und in dem es kaum noch ein anderes Thema gibt. Beim Schreiben dieser Zeilen haben sich bereits zahlreiche Länder abgeschottet, Grenzen sind genau wie Schulen, Kindergärten und öffentliche Bereiche wie Restaurants und Cafés geschlossen. Wie es genau weitergehen wird, ist natürlich jetzt noch nicht ersichtlich, vielmehr soll es hier kurz um diese Situation und die Handlungen gehen, die jeder Einzelne beeinflussen kann.

Bei jüngeren Menschen hat das Virus in den meisten Fällen keine so schwerwiegenden Folgen und ist nicht unbedingt ernsthaft gefährlich. Ganz anders sieht es (zum jetzigen Zeitpunkt) mit älteren Menschen aus sowie mit solchen, die bereits Vorerkrankungen haben. Ist es moralisch vertretbar, nicht an diese Menschen zu denken und das eigene Wohlbefinden oder die Bewegungsfreiheit in den Vordergrund zu stellen? Wenn es weitergehen sollte, wer entscheidet dann ab welchem Zeitpunkt darüber, ob jemand noch behandelt wird oder nicht mehr? Wie weit muss man gehen, um ältere Mitmenschen zu schützen, um die Verbreitung aufzuhalten?

Da es sich um eine in der heutigen Zeit neue Situation handelt, ist es alles andere als einfach, damit richtig umzugehen und passende Entscheidungen zu treffen. Doch es handelt sich hier ohne Frage um ein Beispiel von einem Verhaltenskodex, der moralisch bedingt ist und der nicht unterschätzt werden sollte. Die Einbringung von diesem Fall passt schlicht zum Thema des Buches, bewegt aktuell die ganze Welt und zeigt eben auch, dass es immer wieder Herausforderungen für die Menschen gibt, die auch ethischer oder moralischer Natur sind.

Vielleicht hast Du ja auch begonnen, den einen oder anderen Punkt zu überdenken, über den Du Dir früher noch nicht so viele Gedanken gemacht hast? Dann war es schon wichtig, sich diese Beispiele und die Themen, die in ethischer Hinsicht auf die Gesellschaft heute wichtig sind, einmal genauer anzusehen. Denn die Entwicklung ist auch hier deutlich erkennbar und die Fragestellungen werden im Laufe der Zeit ganz sicher nicht einfacher – ganz im Gegenteil.

War es früher beispielsweise moralisch nicht korrekt, als Frau Sex vor der Ehe zu haben oder sich freizügiger anzuziehen, haben sich die Vorstellungen hier stark verschoben. Doch noch immer ist es für Frauen von den Sitten her eher fragwürdig, mit vielen Männern intime Beziehungen zu haben. Wohingegen es bei Männern weniger der Fall ist. Oder Abtreibungen, die früher absolut nicht möglich waren und eine Katastrophe für die Frauen bedeuteten. Auch hier haben sich die Werte und die Einstellungen der Menschen verändert und zu einem anderen Niveau hin weiterentwickelt.

Es steht somit ganz klar fest, dass die Vorstellungen der Gesellschaft weiteren Veränderungen unterworfen sind. Sicherlich gibt es vielleicht in 10 oder 20 Jahren gar keine Bedenken mehr mit vielen der vorher genannten Beispielen. Dafür werden aber neue fragwürdige Themen auftreten, die in der Zukunft diskutiert werden und bei denen ethische Fragen zu beantworten sind. Im Gegensatz zu anderen Wissenschaften kann hier nicht die Rede von klaren

Antworten sein, da es kein direktes Richtig oder Falsch gibt. Andere Wissenschaften, wie zum Beispiel Mathematik, Physik oder auch Sprachwissenschaften machen klare Aussagen und daran gibt es auch nichts zu rütteln. Das ist bei der Philosophie und damit auch bei der Ethik nicht der Fall.

Hier sollte auch noch beachtet werden, dass bei den Beispielen, die zuvor genannt wurden, eine europäische Kultur zugrunde liegt. Das ist wichtig beim Verständnis genau wie bei einer möglichen Auswertung dieser Beispiele, da hier die Kultur, die Religion und der Status der Familie genau wie der Bildungsstand eine enorme Rolle bei der persönlichen Ansicht spielen. Bevor die Entscheidung von anderen Menschen von Grund auf verurteilt wird, sollten daher solche Faktoren wie die Kultur und die Herkunft nicht ganz ausgeblendet werden. Sonst kann es schnell zu Vorurteilen kommen, die eigentlich nicht sein müssten. Es ist normal, dass zum Beispiel in stärker katholisch geprägten Kulturen das Thema der Abtreibung überhaupt nicht richtig diskutiert werden kann. In unserer doch eher liberalen Kultur in Deutschland, die offener in Bezug auf die Kirche ist, sind solche Diskussionen eher möglich.
Andere Länder hingegen sind noch sehr viel offener bei solchen Themen, sodass dort die Entscheidungen in Bezug auf die Ethik noch einmal anders ausfallen. Ein gutes Beispiel wären hier die Niederlande. Nachbar oder nicht – in

Bezug auf Themen, wie auf Abtreibung oder Samenspenden, um nur zwei Beispiele zu nennen, ist die Lage hier tatsächlich ein wenig anders, als es in Deutschland der Fall ist. Die Kultur spielt daher eine enorm große Rolle bei Entscheidungen dieser Art und wenn dieser Ratgeber von jemandem geschrieben worden wäre, der aus einem stärker christlich geprägten oder liberaleren Land als Deutschland stammen würde, dann wäre es auch wieder ganz anders in Bezug auf Diskussionen und mögliche Entscheidungen aufgebaut.

Genau aus diesem Grund kommen in den nächsten Kapiteln nun noch die Themen der Kulturphilosophie sowie der Sozialphilosophie dazu, da es sich hier ebenfalls um interessante Bereiche handelt, die nicht zu unterschätzen sind. Denn im kulturellen, sozialen und nicht zuletzt auch im wirtschaftlichen Bereich gibt es einige Überlegungen zu machen, damit auch hier über den Sinn und die Hintergründe sowie Auswirkungen des Handelns nachgedacht wird. Selbstverständlich ist das noch nicht, sodass hier genau abzuwägen gilt, worin der eigene Standpunkt besteht und wie dieser vielleicht in Bezug auf die Menschlichkeit und die Überlegungen der Vernunft, Ethik und Moral noch ein wenig verbessert werden könnte.

Kulturphiloso-phie
Kultur und Zivilisation

Sicherlich nimmt die Kulturphilosophie keinen so großen Stellenwert in der Gegenwart ein, wie es zum Beispiel bei der zuvor erwähnten Ethik der Fall ist. Die Bedeutung ist dennoch nicht zu unterschätzen. Bevor es zu einigen praktischen Beispielen mit direktem Bezug auf aktuelle Themen geht, soll aber die Kulturphilosophie mit ihrer Bedeutung genauer dargestellt werden.

Bei der Kulturphilosophie geht es darum, kulturelle Phänomene zu erkennen und zu betrachten. Es ist schließlich normal und völlig menschlich, sich Gedanken über verschiedene Kulturen zu machen. Wir Menschen denken, handeln und empfinden unterschiedlich, je nach Herkunft und Kultur, in der wir aufgewachsen sind. Da die unterschiedlichen Kulturen ein enormes Konfliktpotenzial bieten können und darüber hinaus auch noch Grund für Missverständnisse auf allen Ebenen bieten, ist sicherlich nicht zu leugnen, dass die Kulturphilosophie viel Sinn macht. Denn das Verständnis der Kulturen und der Blick auf die Entstehung, Entwicklung und auf die Veränderungen ist mit Sicherheit in der heutigen Welt von großer Bedeutung. Schließlich beinhaltet die Globalisierung auch, dass das Zusammenleben mit Menschen aus anderen Kulturkreisen normal und erforderlich ist.

Doch in Bezug auf die Philosophie ist mit der Kulturphilosophie gar nicht nur oder nicht unbedingt das Zusammenleben mit anderen Menschen aus verschiedenen Kulturen gemeint. Vielmehr geht es hier darum, die Natur beherrschen zu wollen sowie generell um das Können und Wollen. Die Kulturphilosophie nimmt auch Bezug auf die Sozial- und Kulturwissenschaften. Es geht also einmal um die Entwicklung und Darstellung der Kultur von jedem Einzelnen und von jedem Volk. Doch der interkulturelle Aspekt ist heutzutage durch das Zusammentreffen von vielen verschiedenen Völkern und Kulturen nicht mehr wegzudenken. Das war in den Zeiten der Entwicklung von diesem Bereich der praktischen Philosophie in diesem Ausmaß noch nicht der Fall. Allerdings ist es ganz normal für die Menschheit, nicht nur eine Kultur zu entwickeln, sondern auch über diese nachzudenken. Das liegt nicht zuletzt daran, dass eben nur wir Menschen in der Lage sind, über uns selbst nachzudenken und eigene Besonderheiten zu erkennen.

Es gibt eine Vielzahl wichtiger Fragen, mit denen sich die Kulturphilosophie genauer befasst.

An dieser Stelle findest Du einige

Optionen:

- Befasst sich mit allgemeinen Erscheinungen der Kultur der Menschen.

- Es geht um die Ordnung und die Entwicklung der Kultur.

- Wie entsteht die Kultur und wie wirken sich historische und geografische Aspekte auf diese aus?

- Untersucht wird unter anderem der kulturelle Ausdruck der Menschen bei der Sprache, bei der Schrift, Ethik, Kunst, Religion, Wissenschaft, Technik und bei der Wirtschaft sowie der Staatsordnung.

- Wie entstehen Werte der Menschen?

- Warum denken wir, wie wir in diesem Zusammenhang denken?

Weltbilder werden betrachtet, hinterfragt und in Bezug auf die Entstehung genauer untersucht.

In der Kulturphilosophie geht es somit nicht nur darum, Anleitungen zum Handeln zu finden und sich dabei Hilfe zu suchen. Vielmehr geht es darum, zu verstehen, wie wir Menschen uns entwickelt haben und wie Weltbilder, Werte und selbst der Stand von Wissenschaft, Technik oder die Religion sich entwickelt haben. Bis heute ist schließlich zu erkennen, dass in allen Bereichen eine unterschiedliche Entwicklung stattfindet und die Unterschiede gerade bei einzelnen Völkern enorm groß ausfallen können. Hast Du Dir schon einmal Gedanken über die Faktoren gemacht, die zu dem Weltbild von jedem einzelnen Menschen geführt haben? Wer versucht, hier die Entstehung zu betrachten und eventuell zu hinterfragen, kann schon nach kurzer Zeit mehr verstehen und vielleicht auch die eine oder andere Ansicht genauer anpassen.

Interessant ist auch, wie die einzelnen Philosophen im Laufe der Jahre die Kulturphilosophie geprägt haben. So hat Immanuel Kant beispielsweise die Unterscheidung von Kultur und Zivilisation eingeführt. Damit ist das Verhalten nach außen hin mit der Zivilisation gemeint. Die innere Einstellung, die im Laufe der Zeit geformt wird, ist hier eher die Kultur. Teilweise wird die Kultur auch als eine Art

Wert verstanden. Dabei sorgt die Geschichte dann für eine Überstruktur von verschiedenen Arten der Kulturen. Dadurch entwickeln sich eigene Formen, ein eigener Rhythmus und eine ganz eigene Entwicklung der Werte im Allgemeinen.

Der Philosoph Georg Simmel hat die Kultur anders gesehen und als Ausdruck des geistigen genau wie des schöpferischen Lebens betrachtet. Durch die Kultur können nach Simmel die Form und Ordnung des Zusammenlebens genau wie die Deutung der Wirklichkeit erfolgen. Damit hätte Kultur einen großen Einfluss auf die Kunst, die Sprache aber auch auf die Wirtschaft, die Bildung und das Recht. Diese Einschätzung macht sicherlich Sinn, da die Kultur beispielsweise einen Einfluss auf folgende Themen hat:

- Wie wir sprechen und schreiben.

- Wie unsere Wirtschaft aufgestellt ist.

- Unser Rechtssystem und unseren Staat.

- Wie wir zusammenleben und welche Werte uns dabei wichtig sind.

- Welche Prioritäten im Leben herrschen.

- Wie unser Bildungssystem aussieht.

- Der Stand der Bildung im Allgemeinen.

- Ethische Werte, die sich in einer Region, einem Kulturkreis und einem Land ausgebildet haben.

Jetzt stellt sich vielleicht die Frage, wie denn diese Form der Philosophie heute noch wichtig ist und wann diese Überlegungen zum Einsatz kommen können. In jedem Fall kann die Kulturphilosophie dabei helfen, die Entstehung der eigenen Kultur besser zu verstehen und nachvollziehen zu können. Außerdem ist das Verständnis hilfreich, wenn es um die Kommunikation mit anderen Menschen geht. Ganz besonders, wenn hier noch andere Kulturen im Spiel sind und sich aus Gründen der Geografie, der Geschichte und vielen weiteren Kriterien heraus unterschiedliche Ansichten entwickelt haben. Durch die Kultur lässt sich schließlich auch erklären, warum die Länder und Kontinente der Erde so unterschiedlich sind und wodurch wir uns in der jeweiligen Region prägen lassen.

Wenn man sich einmal überlegt, warum Menschen in Deutschland oder Österreich eine bestimmte Denkweise und spezielles Verhalten zeigen, beginnt schon die Überlegung um die Entstehung der Kultur. Denn, dass es hier Unterschiede im Vergleich zu den Einwohnern in Italien, Spanien oder Frankreich gibt, ist schließlich nicht von der

Hand zu weisen. Es beginnt oft bei der Einstellung zu bestimmten Dingen, wie zum Beispiel beim Blick auf Tugenden wie Pünktlichkeit, Zuverlässigkeit und die Arbeitsmoral. Doch es geht noch weiter, da auch die Lebensweise, die bevorzugten Freizeitaktivitäten und selbst der Kleidungsstil auf eine bestimmte Kultur hinweisen. Nicht zu vergessen die Sprache, der Ausdruck und die Bildung an sich.

Weiter gedacht lässt sich durch die vorhandene Kultur auf eine Vielzahl von Problemen beim Zusammenleben schließen. Nicht umsonst treten Konflikte oder Verständnisprobleme immer dann auf, wenn Menschen aus unterschiedlichen Regionen oder Kulturen aufeinandertreffen. Das hat auch mit der Entwicklung von Werten, von der gesamten Weltsicht und von religiösen Überzeugungen zu tun. Daher ist es kein Wunder, dass beim Thema von interkulturellen Beziehungen andere Schwierigkeiten zu erwarten sind als dann, wenn zwei Menschen aus einer Region eine Beziehung eingehen.

Bei den Beispielen in Bezug auf ethische Fragen ist es daher ebenfalls interessant, die Kultur einzubeziehen. Durch die zunehmende Globalisierung fällt auch schnell auf, dass die Herausforderungen beim Zusammenleben und beim Verständnis der anderen Menschen immer größer werden. Einfach, weil oft unterschiedliche Kulturkreise aufeinandertreffen und der Einfluss davon nicht zu unterschätzen ist. Diese Entwicklung ist ohnehin nicht mehr umzukehren und so ist es in jedem Fall sinnvoller, sich mit der Kultur als Phänomen zu beschäftigen und mehr mit der Entstehung auseinanderzusetzen.

Drei kleine Beispiele sollen an dieser Stelle zeigen, warum die Kulturphilosophie genau wie die Ethik heute noch immer eine große Rolle im Leben spielt:

Die Sprache jeder Region

Jede Region in jedem Land sowie ganze Länder an sich entwickeln sich im Laufe der Zeit auf einzigartige Weise. Das bezieht sich sogar auf die Sprache und die Form der Schreibweise sowie auf Ausdrücke. Nur ein Beispiel wäre hier die typisch norddeutsche Begrüßung „moin", die zwar in anderen Regionen verstanden wird, jedoch nicht unbedingt üblich ist. Durch diese regionale Prägung gibt es auch ganz unterschiedliche Begriffe für die gleichen Dinge. Doch auch die Entwicklung von Spezialitäten gehört mit zur Kultur und zur Prägung der einzelnen Regionen. Nicht umsonst gehören in Süddeutschland Spätzle und Knödel mit zum klassischen Essen, während es im Ruhrgebiet Himmel und Erde oder Sauerbraten gibt – in Berlin hingegen wäre das Leben ohne Currywurst kaum denkbar und in Frankfurt gehört die grüne Soße einfach zu den Kartoffeln dazu.

Es mag sich im ersten Moment um ganz banale Beispiele handeln, die aber im großen Zusammenhang vollkommen unterschiedliche Formen der Kultur, der Sprache und der Lebensgewohnheiten bedeuten.

Hast Du Dir schon einmal überlegt, dass die Unterschiede zwischen den einzelnen Regionen schon innerhalb von Deutschland, Österreich oder der Schweiz beachtlich sind? Dann fällt schnell auf, dass die Unterschiede bei Menschen aus verschiedenen Ländern oder gar Kontinenten noch größer ausfallen. Es beginnt in jedem Fall bei der Sprache und bei den Ausdrücken, wenn es um die Entstehung der Kultur in den einzelnen Regionen geht. Natürlich hört es dabei nicht auf, da die regionale Prägung noch viel weitergeht und bei Weitem mehr als nur die Sprache umfasst.

Die Religion im Alltag

Wichtig für die Kulturphilosophie ist auch das Verständnis der Religion im Alltag und die Bedeutung für die Werte, für das ethische Verständnis sowie für das gesamte Zusammenleben. Stell Dir allein den Unterschied zwischen jemandem vor, der in Deutschland aufgewachsen ist und jemandem, der in einem Land wie vielleicht Marokko oder China aufgewachsen ist. Die Bedeutung der Religion ist hier nicht zu unterschätzen, da sich diese Werte auf zahlreiche Bereiche im Alltag auswirken.

In Deutschland ist das Christentum zwar verbreitet, doch geprägt sind die meisten Menschen von Freiheit und der Möglichkeit, selbstbestimmt zu handeln und zu leben. In einem Land wie Marokko ist durch die Zugehörigkeit zum Islam die Entscheidungsfreiheit bei Frauen tatsächlich beschränkt, dafür hat die Familie einen ganz anderen Stellenwert. Der Zusammenhalt ist oft größer. Noch stärker auf das Kollektiv und weniger auf den Einzelnen ausgerichtet ist China, wo die Gemeinschaft mehr von Bedeutung ist als ein Individuum.

Vielleicht mag es uns aus der Sicht unserer eigenen Kultur verkehrt oder eigenartig vorkommen, wie in China oder in Marokko das Leben spielt und welche Werte dort auch in religiöser Hinsicht vermittelt werden. Doch für Menschen aus diesen Ländern ist unsere Kultur ebenfalls zum Teil unverständlich und widerspricht den eigenen Vorstellungen. Daher ist es allein für das Verständnis, für das Zusammenleben und für die Kommunikation wichtig, die Religion und die kulturellen Werte der anderen Menschen zu akzeptieren.

Das Verständnis von Staat und Politik

Ebenfalls mit zur Kultur gehören das Verständnis des Staates sowie von der Politik. Hier sind nicht die Unterschiede zwischen einzelnen Ländern besonders groß, da die Geschichte hier eine stark prägende Rolle spielt. So ist es in einigen Regionen der Welt normal, dass der Staat eine bestimmende Rolle einnimmt, die schon an eine Diktatur erinnert. In anderen Ländern, wie zum Beispiel in Deutschland sind starke Eingriffe vonseiten des Staates oder der Politik quasi undenkbar. Daher fällt schnell auf, dass die Denkweise und die gesamte Weltsicht stark von der Kultur und der Herkunft geprägt werden. Die Möglichkeiten der Politik sowie die Gestaltung des Staates hängen somit stark von der jeweiligen Herkunft der Menschen ab. Du würdest wahrscheinlich die Politik in Ländern, wie zum Beispiel in China oder in Peru auch nicht einfach so akzeptieren können. Das hat nicht zuletzt auch etwas mit der Herkunft und der dadurch vermittelten Kultur zu tun. Diese Kriterien sind daher tatsächlich nicht zu unterschätzen.

Zur praktischen Philosophie gehören aber noch weitere Themenbereiche wie die Sozialphilosophie sowie die politische und wirtschaftliche Philosophie. Natürlich hängen alle Themen eng miteinander zusammen,

doch es ist trotzdem nicht verkehrt, diese einzeln auf-
geschlüsselt zu betrachten. Dadurch ergibt sich nicht
zuletzt auch eine Unterstützung beim Handeln, wenn
es um die praktische Umsetzung der Philosophie
geht.

Sozialphilosophie

Das Wesen der Gesellschaft

Ziemlich eng mit der Kulturphilosophie sowie mit der Ethik verbunden ist auch die Sozialphilosophie. Diese soll daher ebenfalls in diesem Kapitel genauer erklärt werden, damit die Eingliederung in die gesamte praktische Philosophie entsprechend leichter fällt.

Die Sozialphilosophie wird manchmal auch als Gesellschaftsphilosophie verstanden. Im Mittelpunkt stehen hier Fragen rund um den Sinn und um das Wesen einer Gesellschaft. Darüber hinaus ist das Zusammenleben zwischen den Menschen und der Gemeinschaft sowie die allgemeine Struktur einer Gesellschaft von großer Bedeutung. Daher ist die Sozialphilosophie auch eng mit der Soziologie verknüpft, die ebenfalls auf die Entwicklung und das Wesen der Menschen abzielt. Anders gesagt grenzt das Thema an die Soziologie an und hilft dabei, die grundsätzlichen Strukturen in einer Gesellschaft zu erkennen.

Als zentrale Grundannahme ist hier die Sichtweise der Menschen als gesellschaftliche Wesen zu nennen. Die Gesellschaft an sich ist somit für den Menschen in gewisser Weise erforderlich und lässt sich nicht getrennt von der menschlichen Entwicklung betrachten. Damit ist aber auch ein kritischer Blick auf die Gesellschaft sowie auf die Strukturen und die gesamte Ordnung zu sehen.

Entwickelt hat sich die Sozialphilosophie als Disziplin der Philosophie im heutigen Sinne übrigens erst Ende des 19. Jahrhunderts. Der Begriff wurde im deutschen Sprachgebrauch im Jahre 1843 von Moses Hess eingeführt. Doch diese Bezeichnung konnte sich erst einmal nicht durchsetzen und wurde beispielsweise auch von Marx oder von Engels nicht weiter übernommen. Sicherlich nicht zuletzt aus dem Grund, weil die Übersetzung des im angelsächsischen Sprachraum üblichen Begriffs der „Political Philosophy" nicht wirklich überzeugend klingt.

Doch seit 1894 hat sich der Begriff der Sozialphilosophie im deutschen Sprachraum durchgesetzt und wurde unter anderem von Georg Simmel und Rudolf Stammler verwendet. Beide Philosophen haben die Sozialphilosophie als eine Disziplin gesehen, die beschreibt und Normen vorgibt. Diese Disziplin soll dann an die bestehenden sozialen Tatsachen angeknüpft werden, damit im Anschluss die sozialen Zustände verändert werden können. Anders gesagt ist die Sozialphilosophie für beide Philosophen eine Möglichkeit, die bestehenden Zustände zu erkennen, hier Ziele und Normen vorzugeben oder zu bilden und im Anschluss Maßnahmen zu ergreifen, um diese Ziele auch zu erreichen.

Eher in Form einer theoretischen Soziologie versteht Ferdinand Tönnies die Sozialphilosophie. Diese Form der Philosophie soll sich, der Ansicht von Tönnies nach, eines praktischen Engagements oder einer Umsetzung in die Praxis enthalten. Hier werden somit nur theoretische Erkenntnisse gewonnen, es wird analysiert und dann werden Möglichkeiten herausgefunden, was sich alles verändern lässt. Das „Sein" einer Gesellschaft wird damit untersucht, was tatsächlich eine Option darstellt, um diese Themen frei von Urteilen oder einer Wertung zu betrachten.

Diese Sichtweise der Sozialphilosophie ist aber nicht sehr lange auf dem beschriebenen Stand geblieben, der eher frei von einer Wertung ist. Vielmehr kam in den 20er Jahren des letzten Jahrhunderts noch die Frage nach dem generellen Sinn des Sozialen dazu, die ebenfalls nicht zu unterschätzen ist. In den folgenden Jahren wurden die Sozialphilosophie und die Soziologie zunehmend als Einheit angesehen. Eine andere Definition des Begriffs besteht darin, diesen eher als Kritik zu betrachten. Gemeint ist damit eine hypothetische, theoretische Idee, die dabei helfen soll, die Gesellschaft als Ganzes weiterzuentwickeln. So soll die Sozialphilosophie auch als eine Art der Unterstützung beim Lösen von sozialen Problemen angesehen werden. Schließlich gibt es in jeder Gesellschaft ohne Ausnahme auch Schwachstellen sowie bestimmte Probleme, die gelöst werden wollen. Dabei kann diese Form der Philosophie ohne Frage helfen. So oder so macht es Sinn, sich die Theorie der Gesellschaft genau wie die Struktur einer Gemeinschaft genauer anzusehen. Schließlich werden hier wichtige Regeln zum Zusammenleben erschaffen und es gibt nicht umsonst in allen Gesellschaften bestimmte Probleme, die nicht einfach ignoriert werden können.

Jetzt fragst Du Dich vielleicht, in welcher Hinsicht Du aus der Sozialphilosophie lernen kannst und wie Dir diese Erkenntnisse im Alltag helfen. Tatsache ist, dass ein Verständnis der sozialen Strukturen sowie einer Gemeinschaft an sich dabei helfen kann, die Menschen und die Möglichkeiten besser zu verstehen. Stelle Dir einmal vor, Du hast keine Ahnung von einer Gemeinschaft oder von den herrschenden Strukturen in dieser und willst dennoch mit den Menschen zusammenarbeiten. Das dürfte dann aber tatsächlich ziemlich schwerfallen, da Dir ganz grundlegendes Wissen fehlt und Du die Strukturen einer Gemeinschaft nicht einfach ausblenden kannst.

Folgende **Fragen und Überlegungen** spielen hier beispielsweise eine Rolle:

- Worin besteht das Wesen einer Gesellschaft?

- Welche Funktionen erfüllt eine Gesellschaft?

- Ist ein Gesellschaftsvertrag zum erfolgreichen Zusammenleben erforderlich?

- Auf welche Weise lässt sich das Zusammenleben der Menschen regeln?

- Brauchen Menschen wirklich andere Menschen und eine Gemeinschaft?

Fest steht, dass jeder, der sich schon einmal mit den Sozialwissenschaften oder der Soziologie beschäftigt hat, auch schon in Berührung mit der Sozialphilosophie gekommen ist. Die Gesellschaft lässt sich wohl kaum aus dem Alltag ausblenden – wenn Du Dich nicht gerade allein einschließt oder fernab von der gesamten Zivilisation lebst.

Im ersten Moment klingt die Sozialphilosophie sicherlich eher wie ein Bereich, der in die theoretische Philosophie eingeordnet werden könnte. Doch da hier der aktuelle Zustand, also das „ist" in einer Gesellschaft nicht nur analysiert wird, sondern auch Veränderungen umgesetzt werden sollen und können, gibt es hier sicherlich viel Praktisches in den Überlegungen. Wie wäre es zum Beispiel mit Überlegungen, wie sich das Gefühl der Gemeinschaft oder die Solidarität verändern lassen? Oft gibt es hier ja doch Mängel, was spätestens in Zeiten von einer Krise, in der eben nicht alles einfach und selbstverständlich ist, auffallen wird.

Die Idee einer Gemeinschaft ist nicht nur auf der Ebene ganzer Völker und Nationalitäten erkennbar, sondern auch im kleineren Stil. Wenn Du beispielsweise einmal über die Gesellschaft nachdenkst und überlegst, welche Veränderungen möglich und wichtig wären – welche Ideen kommen Dir dann? Selbst auf der Ebene von jedem einzelnen Menschen sind hier tatsächlich nicht nur wichtige Erkenntnisse möglich, sondern auch Veränderungen, die nicht zu unterschätzen sind. Schließlich besteht eine Gemeinschaft am Ende immer aus vielen Menschen, die sich zusammenfinden. Das bedeutet im Umkehrschluss aber auch, dass jeder Einzelne durch Veränderungen die ganze Gemeinschaft verändern kann. Das ist natürlich in negativer Hinsicht möglich – aber eben auch in positiver Form.

Nur ein Beispiel wäre an dieser Stelle mehr Mitgefühl und mehr Solidarität. Wenn jeder Einzelne zum Beispiel im Supermarkt oder beim Bäcker nur so viel kauft, wie er benötigt, zeigt dies Solidarität mit den Menschen. Die eigenen Bedürfnisse werden nicht allein an die oberste Stelle gestellt, da die anderen Menschen ebenfalls gut versorgt sein sollen und ebenfalls bestimmte Produkte benötigen. Weniger Egoismus, mehr Solidarität, Verständnis und beispielsweise das Ende von Rassismus wären nur einige Möglichkeiten, wenn die Gesellschaft nicht nur verstanden, sondern auch Stück für Stück verändert wird. Das erfordert zuerst einmal die Erkenntnis, dass etwas nicht richtig funktioniert. Und zum anderen gehört hier noch das Bewusstsein dazu, dass man selbst schließlich auch Teil der Gemeinschaft ist und daher auch eine gewisse Macht hat, wenn es um Veränderungen geht.

Schließlich ist es eine Tatsache, dass die Aktionen von vielen einzelnen Menschen eine gesamte Gemeinschaft nachhaltig verändert können. Dabei kann es sich um mehr Solidarität, um die Unterstützung von älteren Mitbürgern und sogar um das Ende von Kriminalität handeln. Es kommt eben ganz auf den aktuellen Zustand sowie auf das Ziel an, welches innerhalb von einer Gesellschaft angestrebt wird.

Folgende **Vorteile** ergeben sich aus dem Verständnis der Gesellschaft:

- Ereignisse und Handlungen anderer Menschen werden besser verstanden

- Die Regeln des Zusammenlebens und der Gemeinschaft werden verstanden

- Es ist möglich, Kritikpunkte einfacher zu erkennen und an diesen anzusetzen

- Negative Verhaltensweisen lassen sich Stück für Stück verändern

- Das Wissen ist hilfreich bei der Kommunikation mit allen Menschen

- Vereinfacht das Zusammenleben und die Funktion der Gemeinschaft

- Wissen lässt sich auch im kleineren Kreis wie in der eigenen Familie, im Freundeskreis oder in einer Firma umsetzen

Bestimmt gibt es auch für Dich Dinge in der Gesellschaft, die Du kritisch siehst und gerne verändern würdest. Diese Dinge können aber verändert werden, wenn Du nur selbst bestimmst, was nicht passt und dann damit beginnst, Veränderungen im Alltag umzusetzen. Schließlich braucht es häufig nur eine Person oder eine Gruppe von Menschen, die mit einer Neuerung anfangen oder damit aufhören, bestimmte Dinge immer zu akzeptieren, damit eine Veränderung möglich ist. Es geht mehr darum, die vorhandene Gesellschaft zu verstehen und zu überlegen, wie die neue Verhaltensweise umgesetzt werden kann. Denn genau so haben sich auch schon in der Geschichte ganze Völker und Schichten einer Gesellschaft verändert und neu definiert. Hierfür ist immer eine entsprechende Bewegung nötig, die in die richtige Richtung weist und bei der oft eine einzelne Person einmal anders gedacht hat.

Zusammenfassend gesagt ist die Sozialphilosophie daher viel mehr als nur ein theoretisches Konstrukt oder Wissen, welches gar nicht anwendbar ist. Vielmehr handelt es sich um Wissen, welches sich praktisch umsetzen lässt, damit im Anschluss nach und nach Veränderungen umgesetzt werden können. Wenn wir immer nur alle alles durchgehen lassen und denken, dass wir sowieso nichts verändern können, wird auch alles gleichbleiben. Das bezieht sich auf alle Aspekte des Zusammenlebens. Die jetzt vorhandenen Regeln und Normen in einer Gesellschaft mussten sich schließlich auch erst im Laufe der Zeit entwickeln. Hier gab es immer Menschen in der Vergangenheit, die vorher übliche Verhaltensweisen eben nicht gebilligt haben und sich dagegen aufgelehnt haben. Auf diese Weise ist es möglich, die bestehende Ordnung in Bezug auf die Gemeinschaft und das Zusammenleben tatsächlich nachhaltig zu verändern.

Neben der Sozial- und der Kulturphilosophie spielt die Politische Philosophie ebenfalls eine wichtige Rolle in der praktischen Philosophie. Deshalb soll es im kommenden Kapitel noch um die Politische Philosophie und um die Gerechtigkeit in der Wirtschaft gehen. Schließlich greifen alle angesprochenen und näher vorgestellten Themengebiete der praktischen Philosophie hier ineinander und lassen sich nicht getrennt voneinander betrachten.

Politische Philosophie:

Gerechtigkeit und die Wirtschaft

Gerechtigkeit und Würde spielen eine sehr große Rolle, wenn es um die Handlungen im Alltag geht. Zumindest dann, wenn die Philosophie und die Ethik nicht ganz außer Acht gelassen werden. Doch auch das Thema Vernunft des Menschen ist an dieser Stelle anzubringen und sollte nicht ganz vergessen werden, da die Menschheit im Allgemeinen vielleicht einiges ist, jedoch nicht unbedingt vernünftig und vorhersehbar. Bei der politischen und wirtschaftlichen Philosophie geht es nicht zuletzt darum, dass sinnvolle und gerechte Entscheidungen getroffen werden. Hier dürfen ethische Fragen nicht vergessen werden, was in vielen Industrieländern der Fall ist – und was in Entwicklungsländern noch auf sich warten lässt. Anders gesagt ist es kaum möglich, die Maßstäbe der Industrieländer und die Vorstellungen von einem gerechten und menschenwürdigen Leben auf Entwicklungsländer zu beziehen. Der Grund dafür ist recht simpel und besteht schlicht darin, dass in anderen Ländern noch nicht die gleichen Einsichten in Bezug auf ethische Arbeitsbedingungen und auf das Verhalten gegenüber den Menschen als wertvolles Individuum vorhanden sind.

Doch die politische Philosophie meint nicht allein die Handlungen, die gerecht und ethisch korrekt oder vernünftig getroffen werden sollen. Vielmehr sollte dieser Begriff ebenfalls etwas genauer betrachtet werden, damit er sich leichter von der Kultur- und Sozialphilosophie abgrenzen lässt. Mit der politischen Philosophie sind die Kritik sowie der Sinn des politischen Handelns gemeint. Außerdem versteht diese Disziplin sich als Wegweiser in Bezug auf die Handlungen der Politik. Hier gehört auch der Bereich der Staatslehre dazu, den schon Platon und Aristoteles in ihren Werken genauer betrachtet haben.

Fragen, die sich mit der gesellschaftlichen Ordnung befassen und ein Konstrukt, wie die Politik idealerweise sein sollte, sind in diesem Bereich wichtig. Doch auch der direkte Bezug zu aktuellen Themen, die in der Politik und in der Gesellschaft eine Herausforderung darstellen, ist hier nicht zu unterschätzen.

Die politische, wirtschaftliche und staatliche Philosophie ergänzt die Sozialphilosophie, da es sich hier schließlich auch um die Struktur der Gesellschaft und um Ziele handelt, die möglichst eingehalten werden sollten. Das politische Handeln, die Frage, was ein Staat überhaupt ist, und viele ähnliche Überlegungen bestimmen das Themenfeld an dieser Stelle. In Bezug auf die Wirtschaft lassen sich ähnliche Fragen überlegen, da es hier darum geht, was mit der Wirtschaft gemeint ist und was wirtschaftlich ist. Doch auch die Überlegung, wie gerecht in der Wirtschaft und in der Politik gehandelt werden kann und wie man selbst dazu beitragen kann, ist sicherlich nicht ganz unwichtig. Die Gesellschaft im Allgemeinen und im Besonderen im Zusammenhang mit dem Zusammenleben, mit der Politik sowie mit politischen Handlungen ist sicherlich bis heute von großer Bedeutung. Zu jeder Zeit gibt es hier bestimmte Fragestellungen oder Herausforderungen, die sich nicht einfach ausblenden lassen.

An dieser Stelle findest Du einige kleinere Beispiele für den Nutzen der politischen und wirtschaftlichen Philosophie:

- Die Politik wird besser verstanden und in einen direkten Bezug zur Gesellschaft gesetzt

- Politisches Handeln und der Staat an sich sind besser verständlich

- Ideen für das wirtschaftliche und zugleich gerechte Handeln werden gegeben

- Die Vorstellungen von Wirtschaft und der Ökonomie als solches können in Bezug auf die theoretischen Ideen gesetzt werden

Zu jeder Zeit gibt es sicherlich andere Überlegungen oder Fragestellungen, die auch die politische Philosophie beeinflussen. Aktuell drehen sich die Überlegungen beispielsweise um die Maßstäbe, nach denen sich die Gesellschaft und die Gesellschaftstheorie richten. Die Grundlagen der modernen Gesellschaften bilden quasi eine Basis, wenn es um die Maßstäbe der Gesellschaftstheorie geht. Politische Entscheidungen sollen durch solche Überlegungen vernünftiger werden und sich mehr an dem Wissen orientieren, wodurch sich eine Gesellschaft auszeichnet und welche positiven Veränderungen hier möglich wären.

Die Verteilung von Gütern in gerechter Form ist ebenfalls ein Thema, das zu der politischen Philosophie dazugehört. Die politischen Institutionen sind hier schließlich für die Verteilung verantwortlich und müssen diese in einer sinnvollen und zugleich gerechten Form umsetzen. Darüber hinaus bezieht sich die Gerechtigkeit aber nicht nur auf die Verteilung der Güter, sondern auch auf die Überlegung, was für eine gerechte Lebensführung wichtig ist. Hier spielen Fragen nach der Daseinsberechtigung der Politik genau wie nach dem Guten oder Bösen eine Rolle. Zu guter Letzt ist heutzutage noch wichtig, wie politische Handlungen legitim sein können und ab wann diese es nicht mehr sind.

Hier ist ganz besonders zu beachten, inwiefern Maßnahmen legitim sein können und sollten, die zur Einschränkung der Freiheit oder zur Ausübung der staatlichen Gewalt zählen. Um bei einem aktuellen Thema aus dem Jahr 2020 zu bleiben: Ab wann ist die Einschränkung der persönlichen Freiheit in einem größeren Maße möglich, wie zum Beispiel zu Zeiten einer Pandemie? Wie dürfen und sollten die Maßnahmen umgesetzt werden, und ab wann wären sie vielleicht doch nicht mehr so ganz legitim? Sicherlich ist hier auch der Unterschied zwischen einzelnen Staaten genauer zu betrachten, da in jedem Land andere Maßnahmen für legitim gehalten werden.

Genau wie bei der politischen Philosophie mit ihren aktuellen Fragen gibt es in Bezug auf die Wirtschaft viele Details zu beachten, damit es gerecht, vernünftig und zugleich ethisch korrekt zugeht. Natürlich wäre es gar nicht denkbar, den wirtschaftlichen Ansatz außen vor zu lassen. Vielmehr sollte sowohl in der Politik als auch in der Wirtschaft immer genau überlegt werden, was wirklich erforderlich ist, worin das Ziel besteht und wie dieses mit Blick auf den aktuellen Zustand am besten erreicht werden kann. Es ist daher immer hilfreich, zuerst den Blick auf die

Theorie zu richten und sich den derzeitigen Zustand anzusehen. Dadurch ist es einfacher möglich, sinnvolle Entscheidungen in Bezug auf die Zukunft zu treffen.

Einmal angenommen, Du möchtest eine eigene Firma gründen und willst dabei Taschen und Stiefel verkaufen, die in Entwicklungsländern auf spezielle Weise gefertigt werden. Jetzt hättest Du ganz theoretisch zwei Möglichkeiten. Du könntest einmal die Menschen ausbeuten, für einen möglichst niedrigen Lohn arbeiten lassen und dadurch einen maximalen Profit erzielen. Vielleicht bekommen die Menschen von den herrschenden Arbeitsbedingungen sogar ernsthafte gesundheitliche Probleme. Die andere Option wäre hier, bessere Arbeitsbedingungen vor Ort zu schaffen und für eine faire, dem Land wirklich angemessene Bezahlung zu sorgen. Dadurch fällt der eigene Profit natürlich geringer aus, vielleicht sogar wesentlich geringer. Doch Du wirst noch immer einen Gewinn erzielen und kannst dennoch fair handeln und für bessere wirtschaftliche Verhältnisse der Menschen sorgen.

Der Gedanke, dass die Philosophie im Allgemeinen dabei helfen kann, für eine bessere Welt zu sorgen, entspringt ebenfalls diesen Möglichkeiten. In dem Moment, in dem Du selbst verantwortlich für soziales Handeln und für die Lebenssituation anderer Menschen bist, wirst Du auch mehr entscheiden können. Letztendlich hat jeder einzelne

Mensch die Möglichkeit, für eine faire wirtschaftliche Politik zu sorgen, und kann den Staat oder die Politik zumindest hierzulande auch durch Wahlen beeinflussen.

Bei der praktischen Philosophie ist beispielsweise das Verständnis der Theorie in allen Themenbereichen genau wie die Entwicklung der Begriffe wichtig. Erst dann macht es Sinn, in die Praxis überzugehen und den Bezug zum Alltag sowie zum eigenen Leben zu ziehen. Aus diesem Grund ging es in den letzten Kapiteln nicht nur um praktische Beispiele oder nur um theoretische Begriffe, sondern vielmehr um eine Kombination aus beiden Bereichen. Sonst wird die Philosophie nur wieder infrage gestellt und es wird weiterhin angenommen, dass es sich um eine wenig sinnvolle Wissenschaft handelt. Fest steht, dass es ohne das theoretische Verständnis der Gesellschaft, der Politik, des Staates oder der Ethik schwierig ist, gute Entscheidungen zu treffen. Wenn die aktuell vorhandene Welt aber etwas besser werden soll, ist es wichtig, hier früh genug mit Veränderungen zu beginnen und die eigenen Handlungen vielleicht ein wenig mehr zu hinterfragen.

5 Ein Leitfaden

in der heutigen Welt

In der heutigen Welt scheint es sich immer nur um wissenschaftliche Lösungen oder um den Fortschritt zu drehen. Zum Glück ist das noch nicht alles, da auch der Blick auf den Menschen und die Bedeutung jedes einzelnen Menschen zumindest in einigen Bereichen der Welt wichtiger wird. Es ist in Zeiten, in denen viele Umbrüche zusammenkommen und in denen die Religion zunehmend an Bedeutung verliert nicht einfach, gute Antworten auf verschiedene Fragen des Lebens zu finden. Ein Leitfaden für das Leben in der heutigen Welt ist damit alles andere als einfach zu finden und muss teilweise erst über Jahre hinweg zusammengestellt werden.

Die Philosophie bietet zwar, wie in diesem Buch beschrieben, keine klaren, schnellen und sofort verfügbaren Antworten. Doch sie bietet Ansätze, über die sich das Nachdenken lohnt und Möglichkeiten, wie die Welt auch heute noch menschlich gesehen werden kann – und nicht mit einem Schwerpunkt auf dem reinen Fortschritt, auf Technik oder Naturwissenschaften. Natürlich werden die Vorstellungen und Ansichten von der Ethik, von der Politik, Wirtschaft sowie von sozialen Faktoren und auch von der jeweiligen Kultur sowie vom Bildungsstand geprägt. Doch ganz grundsätzlich ist es für jeden Menschen möglich, sich durch die Philosophie bei der Beantwortung von bestimmten Fragen unterstützen zu lassen.

Um sich einen persönlichen Leitfaden zusammenzustellen, sollten die eigenen Werte bekannt sein, damit in Bezug auf ethische und moralische Fragen eine Meinung gebildet werden kann. Gerade dann, wenn überlegt wird, wie die Welt besser gemacht werden kann und wie es möglich ist, die Bedingungen für Mensch, Natur und Umwelt zu verändern, kommt es auf die eigene Einstellung an. Sicherlich wird es nicht immer möglich sein, ganz rational und im Sinne der Vernunft nach Kant eine Entscheidung zu treffen. Emotionen spielen eben eine große Rolle und wirken sich auf alle Handlungen aus – auch oder gerade dann, wenn es um andere Menschen oder schwierige Entscheidungen geht. Einfach nur blind zu handeln oder die ethischen Werte außen vor zu lassen, ist aber nie eine gute Lösung. Dabei ist es ganz egal, ob es um große oder kleinere Handlungen geht, oder ob es um das eigene Verhalten in Bezug auf die Wirtschaft oder die Politik geht.

Schnell wirkt es so, als würden immer nur Konsum oder noch mehr Geld und Macht in der heutigen Zeit über alle Handlungen entscheiden. Zum Glück ist das in der Realität nicht wirklich der Fall, da es genug Menschen gibt, denen noch andere Dinge im Leben wichtig sind. Sich gut zu verhalten, anderen Menschen zu helfen und die Welt ein Stück besser zu machen und nicht einfach nur reicher zu werden, sind Kriterien für das Verhalten, die wirklich vielen Menschen wichtig sind. Gerade wenn es in der heutigen Zeit nicht mehr so sehr um die Religion und um entsprechende religiöse Werte geht, kommt es darauf an, für sich selbst andere und ebenso gültige Lösungen zu finden.

Denn, wenn Du ganz ohne Leitfaden, ohne Kompass und eine grobe Orientierung lebst, geht auch vieles verloren. Daher ist es immer gut und sinnvoll, sich mit den Ideen der praktischen Philosophie zu beschäftigen und das eigene Handeln vielleicht ab und an zu hinterfragen. Oft hilft es weiter, die theoretischen Hintergründe von Dingen wie der Gesellschaft, der Politik, der Wirtschaft oder überhaupt von Werten und moralischen Vorstellungen zu kennen. Dadurch fällt es leichter, diese Erkenntnisse in direktem Bezug zu den aktuellen Themen zu sehen und sich an Werten zu orientieren, bei denen es auch um die anderen Menschen und nicht immer nur um einen selbst geht.
Am Ende des Tages hilft es schließlich wenig bis gar nicht, sich immer an anderen Menschen bereichern zu wollen und nur an sich selbst zu denken. Geld und Erfolg kann man nicht mitnehmen – wer aber die Welt oder die Gesellschaft zum Besseren verändert hat, ist ganz sicher auf einem guten Weg. Selbst wenn diese Veränderungen erst einmal nur im Kleinen und noch nicht im großen Stil erfol-

gen. Für die Orientierung an guten und menschenwürdigen sowie gerechten Werten und Taten ist die Philosophie ganz sicher eine gute Option.

6 Der Schlüssel für mehr Zufriedenheit ?

Die Philosophie bietet zwar vielleicht wenig klare Antworten, lässt sich aber in gewisser Form als Anleitung für Handlungen im Alltag ansehen. Es fällt leichter, wichtige Entscheidungen zu treffen und den eigenen Standpunkt vielleicht auch einmal zu überdenken, wenn hier Anstöße zum Überlegen geboten werden. Wer moralisch und ethisch vertretbar handelt, kann nicht nur bessere und menschenwürdigere Entscheidungen treffen, sondern fühlt sich damit mit großer Sicherheit auch zufriedener.

Ob die Philosophie zunächst einmal bei der eigenen Weltsicht unterstützt oder wirklich einen Schlüssel zu mehr Zufriedenheit bieten kann, hängt dabei immer von der persönlichen Verwendung und Ausrichtung ab. Hier kommt es auf Dich persönlich an. Wie sehr nutzt Du die moralischen und ethischen Überlegungen im Alltag und hast Du

Dir schon Gedanken um die soziale- und kulturelle Philosophie gemacht? Spätestens ab dem Zeitpunkt, an dem vielleicht ein eigenes Unternehmen oder grundsätzlich die Verantwortung für andere Menschen vorhanden ist, wird diesen Schlüsselfragen im Leben eine größere Bedeutung beigemessen. Doch auch bei der Erziehung der eigenen Kinder oder bei der grundsätzlichen Arbeit mit Kindern und Jugendlichen fällt auf, dass es leichter fällt und Sinn macht, sich mit der Philosophie genauer auseinanderzusetzen.

Die Philosophie kann Dir beim Zusammenleben mit anderen Menschen, bei der Kommunikation und beim Verständnis Deiner Mitmenschen helfen. In dem Moment, in dem Du Dich mit der Wirklichkeit, der Weltsicht, kulturellen Unterschieden und den Gründen für die Handlungen der Menschen beschäftigst, wirst Du automatisch mehr Verständnis entwickeln. Deine Fähigkeit zur Empathie wird ebenfalls steigen. Sehr oft wird das Verständnis von Ethik und Moral zu einem großen Teil von den bisherigen Erfahrungen, von der Kultur, der Lebensweise sowie vom sozialen Umkreis bestimmt. Hier lohnt es sich in vielen Fällen, mal die Perspektive zu wechseln und nicht immer bei der gleichen Meinung zu bleiben. Genau deshalb beinhaltet dieses Buch auch die eine oder andere eher unbequeme Fragestellung. Denn diese Fragen regen zum Nachdenken an und unterstützen dabei, die eigenen Ansichten vielleicht doch bis zu einem gewissen Punkt zu überdenken.

Vielleicht fragst Du Dich jetzt, warum die Philosophie ausgerechnet zu mehr Zufriedenheit führen soll oder kann. Der Grund dafür ist sicherlich, dass wir Menschen von Grund auf gut sind. Eigentlich. Manchmal ändert sich das natürlich, wobei diese bösen Handlungen dann oft durch die Umgebung, die Gesellschaft und die persönliche Entwicklung ausgelöst werden. Natürlich nicht immer, jedoch oft. Wir Menschen sind also von Grund auf gut und sind dazu auch noch politische, also soziale Wesen. Diese Ansicht vertreten schließlich nicht nur Philosophen. Wir benötigen also die sozialen Kontakte und unsere Mitmenschen und wollen, dass es geliebten Menschen gut geht. Das beinhaltet dann ja sicherlich auch gutes Verhalten und ethisch vertretbare Handlungen in Bezug auf diese Menschen.

Doch die wahre Kraft der Philosophie besteht darin, dass wir Gutes tun wollen und damit die Welt besser machen können. Faire Arbeitsbedingungen, ein menschenwürdiges Leben und die Hilfe in schwierigen Situationen helfen hier sicherlich weiter. Je mehr Du Dich mit Deiner Persönlichkeit, mit der Philosophie und den Grundideen der hier vorgestellten Philosophen beschäftigst, desto mehr wirst Du auch in positiver Hinsicht verändern wollen.

Deshalb kann die praktische Philosophie zufriedener machen:

- Die Beschäftigung mit Ethik und Moral lässt vieles überdenken und sorgt für mehr Verständnis

- Die Kommunikation mit den Menschen und das Zusammenleben verbessert sich

- Die Welt kann besser gemacht werden – das macht automatisch zufriedener

- Die eigenen Werte werden gefestigt und positive Ansichten können übernommen werden

- Bietet eine Orientierung, die beim Handeln unterstützt, ohne dabei religiös zu werden

- Weniger Verwirrung und Zweifel im Leben, mehr Klarheit und innere Ruhe

- Man beginnt automatisch zu überlegen, wo sich etwas an den eigenen Handlungen verbessern lässt

173

7 Fazit

Im ersten Moment taucht beim Gedanken an die Philosophie wohl eine verstaubte Ansammlung von Werken auf, die schon während der Schulzeit oder im Studium zu wenig Begeisterung geführt haben. Eben als eine Art alter Wissenschaften, die heutzutage kaum oder gar keinen Bezug mehr zum Alltag aufweisen können. Dabei bietet die Philosophie viele interessante Möglichkeiten, Erklärungen und unterstützt vor allem bei aufkommenden moralischen und ethischen Fragen.

In einer Welt, in der alle Menschen immer mehr Zusammenwachsen und kulturelle sowie ökonomische Unterschiede dadurch noch stärker auffallen, werden Fragen in Bezug auf die Ethik und die Moral zunehmend komplexer. Da außerdem die Weltreligionen zumindest in unserer westlichen Welt eine immer geringere Rolle spielen und nicht mehr so wichtig sind, wie es früher der Fall war, brauchen die Menschen erst recht Unterstützung und eine Orientierung, die auch in solchen Zeiten noch greift. Genau das ist die Philosophie, die hier wertvolle Hilfe bietet und zum Heranziehen von kritischen Entscheidungen sehr

gut verwendet werden kann. Ganz ohne Orientierung fühlen sich die Menschen schnell verloren, was nicht so wirklich zum Ziel führt und wenig empfehlenswert ist.

Die Werke von berühmten Philosophen, wie zum Beispiel
Platon oder Aristoteles mögen zwar aus der Antike stammen, doch sie haben bis heute noch ihre Gültigkeit und
werden sie wohl auch immer haben. Schließlich geht es
hier um wichtiges Wissen für die Menschheit, welches
nicht einfach an Gültigkeit verliert und auch nicht so ohne
Weiteres ersetzt werden kann. Am einfachsten wäre es
noch, die Lehren der Philosophie in Bezug auf das Miteinander der Menschen zu beziehen und daraus für sich
selbst Schlüsse zu ziehen, was richtig oder falsch ist. Sicherlich gibt es hier auch den einen oder anderen persönlichen Standpunkt zu festigen oder noch einmal zu überdenken. Manchmal hilft es schon, schwierigen Fragen
eben nicht immer auszuweichen und sich aktiv mit diesen
Überlegungen zu beschäftigen. Auch wenn das teilweise
sehr unbequem sein kann.

In diesem Buch hast Du mehr über die Bedeutung, die Themen und die Einteilung der praktischen Philosophie erfahren. Vor allem die Themen Moral und Ethik werden immer
nur bis zu einem gewissen Punkt der Philosophie zugeordnet und lassen sich doch nicht davon trennen. Die richti-

gen Entscheidungen zu treffen und Handlungen durchzuführen, die sich auch mit dem eigenen Gewissen sowie bis zu einem gewissen Punkt mit der Vernunft vereinbaren lassen, sind mitunter wichtige Punkte der Philosophie. Egal ob Du der Ansicht bist, dass ein moralisches Gewissen angeboren ist oder ob dieses erst erworben werden muss: So oder so ist es wichtig, sich damit zu beschäftigen. Schließlich müssen wir weiterhin mit anderen Menschen zusammenleben. Dafür braucht es menschliche Handlungen und Entscheidungen, die im Privaten genau wie in der Politik oder in der Wirtschaft umgesetzt werden wollen.

Zur Anwendung der praktischen Philosophie in Deinem Alltag musst Du in jedem Fall nicht über den Sinn des Lebens oder über die Wirklichkeit der Menschen nachdenken. Nicht einmal über die Entstehung der Welt – denn das sind andere Fragen der theoretischen Theorie, die weniger auf den Alltag und auf Deine Handlungen bezogen sind. Es gibt daher auch in der heutigen Zeit noch Wissen, welches deutlich über klare Fakten und rationale Überlegungen hinausgeht. Vor allem in dem Moment, in dem vielleicht die Religion keine Rolle (mehr) im Leben spielt, hilft es, sich von anderen Stellen Orientierung zu holen. Das kann die Philosophie leisten und von daher sind die Lehren daraus viel mehr als nur reines Gerede ohne tieferen Nutzen im Alltag und im modernen Leben. Interessant ist es ganz sicher, dass bis heute die Lehren der Philosophen eine

Rolle spielen und sogar die Werke aus der Antike noch immer wichtig sind.

Welchen Nutzen jeder Einzelne aus den Lehren der Philosophie und den Überlegungen in Bezug auf die Handlungen der Gegenwart zieht, hängt daher ganz von der persönlichen Einstellung und von der Entwicklung ab. In jedem Fall handelt es sich um regelrecht unverzichtbares Wissen, welches nicht nur die Allgemeinbildung verbessert, sondern auch bei der Bildung eigener Werte hilft. Darüber hinaus ist es gar nicht möglich, bestimmte Diskussionen zu verstehen, wenn nicht zumindest ein Grundwissen rund um die Philosophie erworben wird. Deshalb gilt: Lasse Dich ruhig auf die Philosophie ein, überdenke vielleicht einige Einstellungen und beginne damit, die Welt ein Stück weit besser zu machen. Alles andere wird sich dann von selbst entwickeln, wenn nur die richtigen Überlegungen bei allen Handlungen zugrunde liegen.

Rechtliches und Impressum

Das Werk einschließlich aller Inhalte ist urheberrechtlich geschützt. Der Nachdruck oder Reproduktion, gesamt oder auszugsweise, sowie die Einspeicherung, Verarbeitung, Vervielfältigung und Verbreitung mit Hilfe elektronischer Systeme, gesamt oder auszugsweise, ist ohne schriftliche Genehmigung des Autors untersagt. Alle Übersetzungsrechte vorbehalten.

Die Inhalte dieses Buches wurden anhand von anerkannten Quellen recherchiert und mit hoher Sorgfalt geprüft. Der Autor übernimmt dennoch keinerlei Gewähr für die Aktualität, Richtigkeit und Vollständigkeit der bereitgestellten Informationen.

Haftungsansprüche gegen den Autor, welche sich auf Schäden gesundheitlicher, materieller oder ideeller Art beziehen, die durch Nutzung oder Nichtnutzung der dargebotenen Informationen bzw. durch die Nutzung fehlerhafter und unvollständiger Informationen verursacht wurden, sind grundsätzlich ausgeschlossen, sofern seitens des Autors kein nachweislich vorsätzliches oder grob fahrlässiges Verschulden vorliegt. Dieses Buch ist kein Ersatz für medizinische oder professionelle Beratung und Betreuung.

1. Auflage
Copyright 2024 – Johannes Riethman

179

ISBN: 978-3-98935-505-7

Lucid Page Media (ein Imprint der Orbita Media GmbH)
Ericusspitze 4
20457 Hamburg
Deutschland
kontakt@lucidpagemedia.deUmschlaggestaltung: chaela
(www.chaela.de)
Formatierung: Johannes Riethman